微商创业实战

实战

吸粉方法 ➕ 推广技巧 ➕ 运营规划

郭一凡　饶蓉蓉　著

化学工业出版社

·北京·

微商是一种新电子商务模式，最近几年深受年轻创业者的青睐，随着微商创业者越来越多，微商创业难也成为一个亟待解决的问题。基于此，本书立足于一个"新"字，阐述在新背景下如何做好微商。

　　第一个"新"是指本书在《电子商务法》的指导下撰写。2019年《电子商务法》实施，微商正式划入电子商务范畴，行业规范进一步建立起来。第二个"新"是指如何打造新微商，打造与代理商、消费者的新型关系。传统微商与代理商、消费者的关系总是有些不融洽，这往往导致微商举步维艰，给大众的印象也并非好。新微商寻求的是微商、代理商、消费者三者关系的和谐。第三个"新"是指本书介绍了很多微商创业新技巧、新思路、新方法。比如，品牌的打造与推广、粉丝吸引与引流技巧、产品宣传与营销技巧、文案策划与撰写技巧、卖货与服务技巧、微商团队管理与裂变等。

　　本书既可以帮助老微商重新认识自我，定位自我，又能帮助新微商从零做起，迈出走向成功的第一步。

图书在版编目（CIP）数据

　　微商创业实战：吸粉方法＋推广技巧＋运营规划／郭一凡，饶蓉蓉著. —北京：化学工业出版社，2019.9

　　ISBN 978-7-122-34655-1

　　Ⅰ．①微… Ⅱ．①郭… ②饶… Ⅲ．①网络营销
Ⅳ．①F713.365.2

　　中国版本图书馆 CIP 数据核字（2019）第 109587 号

责任编辑：卢萌萌　　　　加工编辑：李　曦　　　　美术编辑：王晓宇
责任校对：张雨彤　　　　装帧设计：水长流文化

出版发行：化学工业出版社（北京市东城区青年湖南街 13 号　邮政编码 100011）
印　　刷：三河市航远印刷有限公司
装　　订：三河市宇新装订厂
710mm×1000mm　1/16　印张 14　字数 223 千字　2020 年 1 月北京第 1 版第 1 次印刷

购书咨询：010-64518888　　　　　　　　　售后服务：010-64518899
网　　址：http://www.cip.com.cn
凡购买本书，如有缺损质量问题，本社销售中心负责调换。

定　价：59.00 元

前言

　　微商是移动互联网时代的一种新商业模式，基于成本、风险低，成为草根族创业的首选。对于微商创业，每个人的态度不大一样，有的人利用微商赚到了第一桶金而心怀感激，有的人由于连受挫折而愤懑失望。然而，无论是感激还是失望，我们都必须承认一个事实：微商正改变着整个零售业市场的格局。

　　有人预测，未来几年零售行业的市场格局将会呈现出电商、传统零售、微商三足鼎立之势，市场占比将依次为4∶3∶3。也就是说，未来的零售业市场中微商可占到30%。微商是市场需求、社会需求、用户需求相结合的产物，将会是未来移动社交零售领域的主流趋势之一。

　　据百度指数搜索发现，"微商"一词2014年2月才被创建。其出现时间虽然晚，但发展极为迅速。2015年被誉为"微商元年"，是微商创业的大好时机，很多微商企业、品牌正是在这一年起步，并取得惊人的成绩；2017年、2018年微商进入火爆发展期，发展异常迅猛，大多数坚持下来的微商创业者都享受到了这拨红利。

　　然而，在经过2017年、2018年这两年的快速发展后，微商市场开始出现良莠不齐的现象，两极分化严重，强者越来越强，弱者也越来越弱；假货频频、鱼目混珠，以致客户投诉越来越多，市场秩序混乱。

　　微商市场亟待规范，行业内由此开启了"自清"行动，一些大企业、大品牌开始内部整顿，放弃最初的粗放式经营，积极完善基础交易平台、社会化分销体系、社会化客户关系管理系统和售后维权机制，一种新的微商模式开始形成。

同时，政府为规范和整顿电子商务市场，于2018年8月31日颁布了新《电子商务法》，并于2019年1月1日正式实施。新法对微商经营做出了诸多明确规定。这表明微商由粗放式经营开始向法制化、规范化、制度化的精细化经营方式转变。新形势对微商经营者，尤其是想在微商领域大展拳脚的新手提出了新挑战。那么，在新形势下创业者或经营者该如何更好地进行微商创业或经营呢？本书将对此予以全面详细的阐述。

本书基于新的微商发展形势，围绕新手如何更好地创业而编写。全书分为9章。第1章综述微商入门基础知识和创业者应具备的素质；第2章介绍微商新手创业前应该做好哪些准备工作及如何选择产品；第3章从个人角色、商业模式、运营体系这三方面介绍如何做好创业的定位；第4章介绍品牌打造、品牌推广的原则、方法和技巧；第5章介绍如何获取粉丝、留存粉丝，以及有效引流的工具、方法与技巧；第6章介绍产品的宣传、推广技巧与方法；第7章介绍产品的销售、与客户的沟通，以及处理客户异议的方法与技巧；第8章介绍微商创业中的一个非常重要的方面，即文案的策划与撰写技巧；第9章介绍代理商团队的组建与管理。本书从多个层面详细阐述微商创业的具体步骤、方法和技巧，帮助微商创业者从零学起，由易到难，逐步掌握从事这一职业的要求与方法。

在这里，要特别感谢各大微商代理团队在本书创作过程中给予的建设性建议、意见以及支持和帮助。由于微商市场的产品更迭、微商新政策等诸多变化，本书的撰写尚有不足之处，还望读者批评指正。

著者

2019年10月

目录

第1章
微商创业起步

1.1 微商新手知识入门　　　　　　　　　2
1.1.1　微商的概念及类型　　　　　　　2
1.1.2　微商发展的4个阶段　　　　　　4
1.1.3　生态微商是未来趋势　　　　　　6
1.1.4　生态微商的构建方式　　　　　　7

1.2 微商创业者应具备的素质　　　　　　9
1.2.1　不讲诚信就失去了做微商的基础　　9
1.2.2　微商创业者必须具备的10大能力　11
1.2.3　抛弃不良心态，准备打"持久战"　14

第2章
新手创业前的准备工作

2.1 打造团队：微商就是团队制胜　　　　18
2.1.1　法律准备：依法经营与登记　　　18
2.1.2　描绘愿景，树立责任和价值观　　20
2.1.3　组织架构：保证工作的高效运转　22
2.1.4　树立形象：打造良好的形象　　　25

2.2 选产品：只卖适合自己的产品　　　　26
2.2.1　微商要发展，产品是关键　　　　26
2.2.2　选产品的基本原则　　　　　　　28
2.2.3　好产品的组成要素　　　　　　　29
2.2.4　适合微商销售的6类产品　　　　32
2.2.5　产品选择的3个坚持　　　　　　33
2.2.6　结合自身优势选择产品　　　　　35

第3章

微商定位：华丽转身的微商老板

3.1 为什么要给微商定位　　39

3.2 自我定位　　39

3.2.1 角色定位　　40

3.2.2 经营方向定位　　41

3.3 商业模式的定位　　42

3.3.1 熟人生意模式　　43

3.3.2 代理分销模式　　44

3.3.3 品牌模式　　44

3.3.4 分享模式　　45

3.4 运营体系定位　　45

3.4.1 粉丝转化型运营　　46

3.4.2 关系维护型运营　　46

3.4.3 代理型运营　　47

3.4.4 品牌资源型运营　　48

3.4.5 O2O型运营　　49

第4章

品牌打造与推广技巧

4.1 微商要打造的3个品牌　　51

4.1.1 产品品牌化　　51

4.1.2 服务品牌化　　54

4.1.3 团队品牌化　　56

4.2 个人魅力品牌化和社群标识　　58

4.2.1 培养在粉丝心中的好感度　　58

4.2.2 建立与粉丝之间的信任　　60

4.2.3　建立并管理社群　　62

4.2.4　主动交流，引发粉丝的兴趣　　67

4.2.5　努力让粉丝对你形成依赖　　69

第5章
粉丝的吸引与引流

5.1　获得首批种子用户群的5种方法　　72

5.1.1　多交朋友，并善于聊天　　72

5.1.2　集中在某特定的圈子寻找　　72

5.1.3　与其他微友交换资源　　73

5.1.4　红包群加人法　　73

5.1.5　高薪招聘加人法　　74

5.2　维护种子用户不流失的方法　　74

5.2.1　营造信任感　　75

5.2.2　了解客户的精神世界　　76

5.3　粉丝引流常用的工具　　78

5.3.1　微信个人号　　78

5.3.2　微信公众号　　86

5.3.3　微信小程序　　96

5.3.4　QQ群　　102

5.3.5　QQ空间　　105

5.3.6　QQ邮箱　　109

5.3.7　微店　　111

5.3.8　微商城　　112

5.3.9　直播平台　　115

5.3.10　抖音　　118

5.3.11　线下活动　　120

5.3.12　网络视频　　121

第6章
产品的宣传与推广

6.1 微商产品营销，从了解思维开始　　126

　　6.1.1　移动互联网思维　　126

　　6.1.2　体验思维　　127

　　6.1.3　播传思维　　128

　　6.1.4　迭代思维　　129

　　6.1.5　参与感思维　　130

　　6.1.6　裂变思维　　131

　　6.1.7　钢丝思维　　132

6.2 微商产品的宣传　　134

　　6.2.1　打造个人品牌印象　　134

　　6.2.2　情感策略　　135

　　6.2.3　积极分享　　136

6.3 微商产品的推广　　137

　　6.3.1　微信搜索推广　　137

　　6.3.2　软文推广　　140

　　6.3.3　微分销系统推广　　142

第7章
产品的销售与微商卖货技巧

7.1 微商卖货模式　　145

　　7.1.1　手机网站、微商城批发卖货　　145

　　7.1.2　产品代理、分销模式　　146

　　7.1.3　微信卖货　　146

　　7.1.4　社交平台卖货　　147

　　7.1.5　自媒体卖货　　148

7.2 **微商的卖货技巧**   148

  7.2.1 自信面对，撇开一切消极情绪   149

  7.2.2 建立共鸣，消除客户戒备之心   149

  7.2.3 抓住需求，找到问题所在   150

  7.2.4 提炼卖点，凸显产品优势   151

  7.2.5 价格对比，让客户看到差距所在   152

  7.2.6 循循善诱，引导客户自己做出选择   154

  7.2.7 巧用促销品，促使客户立即购买   156

  7.2.8 选择正确的促销方式   158

7.3 **化解客户购买异议**   159

  7.3.1 客户以没有需求拒绝怎么办   159

  7.3.2 客户质疑产品质量怎么办   161

  7.3.3 客户担心使用效果怎么办   162

  7.3.4 客户说别家的便宜怎么办   164

  7.3.5 客户推托下次再买怎么办   165

  7.3.6 客户嫌产品贵怎么办   167

  7.3.7 客户问能不能退换货怎么办   168

  7.3.8 客户要求先发货后付款怎么办   169

第8章
微商文案的策划与撰写技巧

8.1 **文案的价值**   172

8.2 **文案的构思**   173

  8.2.1 选择写作视角   173

  8.2.2 确立文案主题   176

  8.2.3 影响文案主题的两个因素   177

8.3 文案的撰写 178

8.3.1 文案撰写原则 179

8.3.2 文案撰写步骤 180

8.3.3 文案的撰写方法 182

8.3.4 文案自行传播技巧 183

8.4 微信公众号文案 186

8.4.1 文章的群发 186

8.4.2 微信文案写作技巧 188

8.4.3 增加点击量的技巧 191

第9章
代理商团队的组建与管理

9.1 代理商团队的组建 195

9.1.1 代理商团队的两种组建方式 195

9.1.2 打造代理团队的"三驾马车" 198

9.1.3 制度管理与规范化设计 199

9.1.4 绩效激励标准和手段 200

9.1.5 完善代理商培训培养机制 202

9.2 对代理商的内部管理 204

9.2.1 日常管理 204

9.2.2 沟通管理 206

9.2.3 代理商的加入与退出 208

9.2.4 利益捆绑和分享 210

第1章

微商创业起步

　　大众创业，万众创新，国家大力鼓励青年创业，为创业者提供良好的环境。微商创业，作为伴随着互联网、移动互联网发展起来的一种新型创业之路，给成千上万的创业者创造了机会。本章将从新手知识入门、创业者素质两个方面详细阐述微商创业新手应如何起步。

1.1

微商新手知识入门

微商是一种新型的商业模式，其发展还不是十分完善和成熟，因此，欲在微商领域成功创业，首先必须了解与之有关的所有知识并具备一定的素养，尤其是心理方面的素养，以做到有备无患。

1.1.1 微商的概念及类型

（1）微商的概念

微商的概念可以从两个角度来理解：一个是产业的角度，另一个是从业者角度。从产业的角度理解，微商是一种新商业模式。这种模式是自2014年以来逐步成长起来的，被认为是对传统电商的一种颠覆和创新。随着网络技术的不断发展、智能设备的大范围应用，微商模式已经全面走入人们的生活。从从业者角度理解，微商泛指从事微商行业的人员。在日常生活中，很多人习惯上把从事微商行业的人员通称为"微商"，其实，这是从从业者角度分析的，即微商人员，是在社交平台上进行产品或服务售卖的所有经营者。

在这里要特意提醒一下，很多人误认为微商就是微商人员，其实这种认识是片面的，有局限性的。微商不仅指微商从业人员，还包括微商模式。微商模式是一种高度社会化、带有社交性质的电子商务模式，它是企业或者个人基于社会化媒体进行产品销售和服务的新型电商。不过，微商作为一种新的商业模式，可以说仍一直在完善，相关规章制度、法律法规、行业标准也在不断出台。目前，微商更多地依赖某个组织、企业，或者有影响力的个人潜移默化的影响，因此，具有一定的盲目性和从众性。

（2）微商的类型

微商有多种类型，大都以经营方式和平台性质作为分类依据。按照经营方式，微商具体可以分为4种类型，如表1-1所列。

◈ **表1-1　微商的4种类型**

类型	经营方式
微商城	主要是借助微信公众号、微信朋友圈和微博等媒介推送微店、微商城的产品，交易也可通过店铺平台进行，属于比较有保障的一种形式
微分销	适于一些单品或者实用型产品，具备快消品属性。主要以招募代理的方式来实现层级铺货、分销
微连锁	属于O2O模式，线上线下结合，以实体店加盟的形式参与微营销
微代购	与电商代购大体一致

微商是基于商务平台而存在的，利用社交平台和智能云平台，在线上向消费者推销产品或服务。因此，平台是微商存在的基础，只有通过某个平台微商才能实现正常的运营、推广和宣传，最终实现盈利。

不同平台下的微商经营有所差异，根据平台的性质，微商主要有以下3种类型。

1）以口袋购物为主的C2C模式[1]

从"口袋购物"这一主打个性化和精准推送的电商导购型的APP，可以看出市场对于移动电商的强烈需求。而更加疯狂的是，口袋购物微店自推出以来，已吸引了多达千万微商产品入驻。

2）以微信为主的B2C模式[2]

微商的大范围出现很大程度上得益于微信的普及，微信大大降低了微商营销成本，使人—人电商成为一种可能。微商在发展初期，傍着微信这棵"大树"迅速开疆拓土，微信端的微商大部分属于C端[3]微商。

随着微商体系的不断完善和进一步发展，越来越多的C端微商将会被淘汰

---

[1] C2C 模式（Customer to Customer，即 C2C），是一个电子商务专业用语，指个人与个人之间的一种电子商务模式。

[2] B2C 模式（Business to Customer，即 B2C），是一个电子商务的专业用语，指企业与个人，或者企业与消费者之间的电子商务。

[3] C 端（C 为 Customer），又叫客户端或用户端，是企业或商家为便于消费者或用户使用产品、享受服务而开发的系统型软件、工具或平台。

或向B端[1]转移，品牌力更强的、企业级的B端微商将会迅速崛起。这种微商无论是在货源、管理还是交易各方面都有较大优势，基本实现了品牌化、规范化的科学管理。

3）以京东购物入口为主的B2C2C模式

以京东购物入口为主的B2C2C模式是一种新型的微商模式，是指平台既面向B端微商开放，同时也向C端微商开放。这种模式将是微商的主流模式，也称为平台微商或生态微商。

1.1.2 微商发展的4个阶段

从最初的朋友圈代购到微信公众号营销、微店的兴起，再到各大微商平台的建立，微商经历了从野蛮生长到健康成熟的发展过程。微商大致经历了4个发展阶段，如图1-1所示。

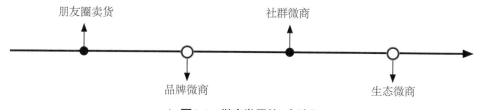

▲ 图1-1　微商发展的4个阶段

（1）朋友圈卖货

朋友圈卖货是微商的一个初级展现形式。在这个阶段，从业者利用社交关系去实现销售，将社交因素、感情因素加入销售过程中，我们也把他们称为个人零售商或者个人零售者。实际上这种销售模式不仅出现在微信上，在微博、人人网、QQ空间都有着相似的行为。

这些微商创业者有着共同的特点：第一，他们都是很小的商户，经营规模不大，主要以个体为主；第二，他们需要依附于某个平台或大品牌去实现自己的销售目标。

---

[1]　B端（B为Business），通常是企业或商家为工作或商业目的而开发的系统型软件、工具或平台。

（2）品牌微商

当微商走出朋友圈卖货这种最初级的形态之后，就向品牌微商的方向发展，从而衍生出了"品牌微商"这样一个概念。有些微商看到品牌微商的巨大影响力之后，逐步进入这个新领域，像现在朋友圈出现的品牌广告明显就是一种"品牌微商"。

（3）社群微商

社群微商是微商发展的第三个阶段，从事微商的人们会汇集成一个群组，一起研究微营销及品牌营销的发展方向，互帮互助，利用微信、微博打造自己的品牌和产品，像匡扶会、K友汇都是这样的社群微商。

（4）生态微商

要想了解什么是生态微商，需要先了解一下生态的概念。生态，即生物的生活状态，指生物在一定的自然环境下生存和发展的状态，也指生物的生理特性和生活习性。因此，所谓生态就是自然界中存在的一种良性循环规律，然而，最近几年生态一词却频繁出现在商业领域，是指按照生态理念和规律来组织商业经营活动。

小米是首先提出要建立一个商业生态系统的企业。小米每售出一款产品，并不意味着一个销售过程的结束，而是意味着一个开始，这时候小米把售出的产品连接起来，让这些产品背后的人变成一个体系。对小米而言，硬件可以不盈利，甚至硬件可以免费，但需要把硬件联结起来，通过后续的服务、衍生产品以及开发新商业模式来赚钱。除了硬件外，小米还有很多软件供人们选择，这些成为小米的收入来源。

同理，生态微商也是利用生态的理念和规律，使品牌立体化，利益透明化，这是微商发展到一定程度后，势必会进入的一个新阶段。微商经历了朋友圈卖货、品牌微商和社群微商3个阶段之后，开始向高级阶段过渡，因为整个行业都面临着向透明化、规范化、品牌化的阶段发展。那么，如何向生态微商过渡呢？这里有一个很关键的东西，那就是建立一个良性循环的、规律性的体系，将商家和消费者的利益紧紧联系在一起。既有利于商家，也有利于消费者；既拓展了销售渠道，同时又保证了产品的透明化。因此，生态微商是未来微商发展的主流趋势，也是微商新手努力的方向。

1.1.3 生态微商是未来趋势

自从2015年以来，微商呈现出爆发式增长的态势，但很多微商也意识到了火热发展背后隐藏的问题，例如朋友圈暴力刷屏、产品质量无法保证、产品同质化严重、品牌周期短等严重问题。随着微商发展进入瓶颈期，微商商业模式也在不断寻求新的突破路径，此时，代理成为一种最常用的模式，这种代理模式与以往传统的代理模式存在很大区别。

传统微商代理呈分级模式，一级代理拿到货再招二级代理、三级代理……一级一级往下铺货，最后一级代理实际上就成了消费者，变为买货人。当最后一级代理手里的产品库存积压得越来越多，就像熊市股票大跌一样，个体微商出货也越来越难。在意识到这种"滚雪球"的危机后，一些品牌微商开始转型、主要向两个方向转变，如图1-2所示。

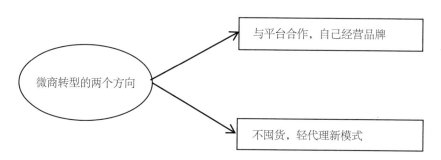

▲ 图1-2　微商转型的两个方向

（1）与平台合作，自己经营品牌

微商自己经营一个品牌，首先需要与平台合作，对货品做控制，对人群做分层，避免信誉透支。

拍拍小店和微店率先开始尝试规范微商行业，制订新的经营模式。其实，拍拍小店就是一个微分销平台。

首先，现在的代理制不需要囤货，也不再是分级提成，商家的提成机制是透明的，代理也几乎不需要付出任何成本。

其次，拍拍小店细化了代理的关系。一方面是针对个体消费者，只要动手将产品转发到朋友圈，有朋友购买就可以获得佣金；另一方面是面向商家，商家可以挑选合适的产品直接上架到自己的店铺，发货、售后则统统由供货商负责。如果品牌商想要通过微商规范化，就必须要通过微信分销系统来实现。

最后，微商需要同时思考是以货为基础还是以人为基础，如何有效地在大的社交平台上搭建购物生态。社交场景下商家生态中不同商家也有不同的分层需求，但都要考虑相对有序的分享传播，结合中心化流量使用，综合提升品牌效应，而不是以透支人群信用为代价。

（2）不囤货，轻代理新模式

不仅微商平台在"清理门户"，部分标杆传统微商企业也在发生重大变化。这些传统大牌的微商操盘手开始抛弃"层层囤货的微商操盘模式"，代之以更利于行业健康发展、品牌长远发展的微商新模式，逐步改变了目前主流微商的运作模式。

目前微商运作模式主要有以下几种。

一是多层级代理制微商，这是将传统线下招商模式搬上互联网的典型做法。多层级代理产品流转路线主要从大区、总代、市代、一级、二级、特约到消费者，中间设置4~6个层级，层层囤货。这种模式主要在于快速通过渠道铺货，以实现短期内快速回款，甚至圈钱。在这种模式下，品牌传播导向以招商为主，代理通过投入相应量的金钱进行囤货以获得最优的进货价，以更利于获得下级代理的利润差价。

二是分享推荐制微商，微商可通过分享推荐赚取佣金，这是一种按照最终交易效果付费的推广方式（CPS）。然而，目前市面上却有少部分商家打着"消费变投资，人人是老板"的幌子，要求强制认购产品才能加入，而且利润空间高得吓人，这就有"传销"的嫌疑，对此创业新手要格外注意。

现在大型的微商都比较看好这种轻代理模式，这种模式使产品到达消费者手中的路径变短了，产品的利润分配更加合理。分销商无需囤货，通过合理的微商分级和晋级制度，分销商能有动力、无压力、低投入地获得稳健收益。

1.1.4　生态微商的构建方式

生态微商最大的优势，就是可同时兼顾平台、商家和客户的利益。当然，并不是说这种方式适合每一位创业者，具体还需要根据自身需求，构建起不同的经营方式。

生态微商可分为商户端微商和客户端微商，其中客户端微商的运用更为普遍。

（1）商户端微商

商户端微商应着力构建围绕商户、代理的各层次平台，包括技术、宣传和资源等多个重点，从而将生产商、营销商、服务商和代理团队、产品等因素全部囊括到自身体系中。

技术平台，包括微商城、公众平台、微销售平台等，以提供技术支持；宣传平台，包括微商团队的官方网站、自媒体、移动端页面等，从而拥有向外界宣传的自主能力；资源平台，包括线上、线下两部分，促使微商能够接受多方面的商务资源，积累生产、资金、服务等多领域的资源、人际关系，从而建立起推广、销售、行业等多方渠道。

（2）客户端微商

客户端微商构建生态化的方式在于，让自己成为客户群体的意见领袖，并将客户群体升级为代理群体，随后再对社群内部进行分工，构建成为责任明确的组织。毫无疑问，客户端微商面对的代理社群是天然的、松散的，但想要顺应生态化趋势，就应该为社群中的每个人分配各自的角色，如图1-3所示。

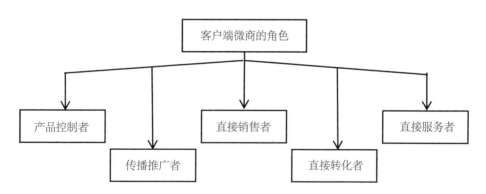

▲ 图1-3 客户端微商的角色

1）产品控制者

其责任包括与生产商进行产品对接，确保产品质量符合标准，保证产品有相对丰富的库存。

2）传播推广者

负责产品品牌形象的营销传播，为客户个体推送优质的内容。

3）直接销售者

负责和客户进行直接沟通，取得他们的信任，不断将更多客户拉入生态圈中，从而产生销量。

4）直接转化者

在生态圈内进行运作，将新客户转化成为老客户，再将老客户转化成为代理渠道，使他们最终也能参与销售过程。

5）直接服务者

确保产品在售前、售中和售后过程中，客户能得到高质量的服务，包括产品使用方法、质量投诉、信息提醒等各个方面。

总体上看，生态微商这种新模式离不开微商生态圈的建立。相比传统微商，新型微商应该形成不同以往的生活逻辑，建构在所有人共同体验和追求的基础上的文化。如果新型微商能够建立这样的文化，就能打造出牢不可破的可持续体系，以全新生态开创新商业模式。

1.2

微商创业者应具备的素质

随着市场的逐步开放和竞争的加剧，微商创业环境越来越严峻。在严峻的环境下，微商创业者的素质成了决定创业成败的一个关键点。那么，微商创业者到底应该具备什么样的素质，才能带领团队顺利发展呢？本节将一一阐述。

1.2.1 不讲诚信就失去了做微商的基础

诚信，是生意场上的主要游戏法则，没有诚信任何生意都无法做大做强。而对微商而言，由于微商行业是个新生行业，目前监管政策不够健全、社会信用体系尚未完善，诚信经营则显得更为重要。对于传统商业中的一些不讲诚信的商家可用行业规范、国家政策来约束和惩罚，而在目前的微商市场，约束和规范市场行为只能靠商家的诚信，以及非常有限的相关法律、法规。

因此，作为一个微商创业者首先必须讲诚信，只有让客户充分相信你，敢于相信你，才能赢得回头客。

当前，微商行业不讲诚信的现象仍大量存在。例如，在宣传和推广时频频用"微信对话生成器""支付宝转账截图生成器""微信转账截图生成器"等软件欺骗客户，制作虚假聊天或转账记录，利用朋友的信任，在朋友圈销售假货等。诸如此类不法行为，以丢失诚信为代价牟取利益，实际上是在透支个人信用，破坏市场秩序，挑战商业道德底线。事实也证明，诸如此类微商必以最终失败而告终。

无信任，不交易。信任是移动互联网时代社交行为的基本要素，想要让微商事业发展壮大，就需要让产品有力地承载起人际交往之间的信任。那么，微商如何做到诚信经营呢？诚，即诚实、诚恳，主要是指微商展现的真诚态度；信，即可信度，是指微商必须能够提供让客户相信并受益的价值。想要顺应诚信经济的特点，微商新手应该重点理解下面两点。

（1）诚信分享才能展现价值

普通人之所以需要社交，是为了分享价值：从有趣的文章、音乐、影视，到崭新的信息、产品和人际关系。之所以如此，是因为人类天生能从分享中获取快乐，其中既包含了获得价值的快乐，也蕴含了展现价值的快乐。

因此，微商必须在营销之前就建立普遍的分享关系，这种关系无法马上带来利益，但能有效提升微商和好友之间的信任感。换言之，真诚的态度才能使无偿的分享变成有偿的分享，再从中获取利益。

（2）以诚信力提升影响力

微商门槛虽然很低，但并非每个人都能成为高手。事实上，只有专业达人和意见领袖在特定领域具有充分的话语权和影响力，才更容易令人信任。相对而言，普通微商应该以诚信力来提升影响力，将人格魅力和产品价值结合起来，最终做到让人看到产品就能想到微商的个人品牌。

随着时代发展，每个微商都将以个人信誉来为自己的产品背书。信息越来越公开的移动互联网使人与人、产品与人之间的关系越来越强，基于诚信的微商运营才能加速发展，实现利益流通。

1.2.2 微商创业者必须具备的10大能力

微信火了，微商也火了，全民微商了，有的人真的赚钱了，而有的人却亏钱了，这是为什么呢？因为每个人都有不一样的品质，不一样的性格，不一样的脾气。那么，到底什么样的人适合做微商呢？我们以微信公众平台为例进行详细阐述，微商新手应该具备的10大能力如图1-4所示。

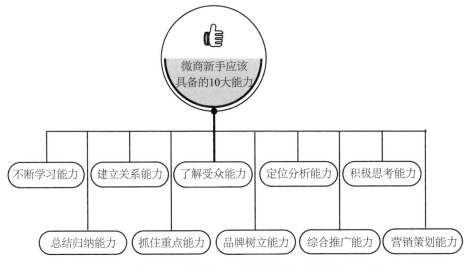

▲ 图1-4　微商新手应该具备的10大能力

（1）不断学习能力

微营销时代，学习不能只停留在书本上面，而更应该进行实战。建议微商创业者多关注做得比较成功的微信平台，你关注50个平台就有50个老师教你做微营销，不断地学习他们是怎么做微营销的，并把学到的东西运用到你自己的微营销上。

（2）建立关系能力

现在不是单打独斗的创业时代，如果你还是单枪匹马的话，迟早会被抱团的人击败。微营销时代也是一个资源共享的时代，要学会去建立属于自己的人脉圈子，建立自己的资源圈子。不仅要建立与粉丝之间的关系，还要建立与同行或者其他微信运营者之间的关系，以及与其他一些网络平台的运营者、管理者等的关系，便于以后做推广。例如，你找到一些优秀的平台运营者，跟他们建立关系之后，可以更好地进行平台互推；再比如，与一些网络管理员建立关系，当你们成为好友，你可以借用他们的资源帮助你进行平台推广。

（3）了解受众能力

除了通过做活动和调查的方式，也可以利用微信平台中的数据统计来了解受众。了解受众能力不仅可以让你快速了解微信用户，还可以从中捕捉到很多信息，比如说你今天发布某篇文章被疯狂地转载，或者发布某些文章阅读量大增，从中都可看出受众的兴趣点。这些你都要去了解并且不断做总结！

（4）定位分析能力

定位是非常重要的，关系到一个微信公众平台的兴衰存亡，为什么这么说呢？定位好你的微信公众平台，才能创造出更大的价值，盲目地去做，运作起来很艰难。只有定位准确，才能运作得更加顺畅！微信运营者要有面对整个局面以及根据企业本身的定位特点来进行企业微信定位分析的能力，从企业本身、行业特点、当下市场、受众用户等各方面进行全方位的分析，最终定位。一个成功的微信公众平台必须要有以下十大定位：账号定位、人群定位、产品定位、营销定位、推广定位、时间定位、运营定位、竞争定位、成本定位、赢利定位。

（5）积极思考能力

一名合格的、优秀的微商一定是思维敏捷的，因为他们无时无刻不在思考，思考怎样让自己的内容更有价值，思考如何提高图文转化率，思考如何使更多人分享转发，思考如何吸引更多受众的关注以及对该微信整体的策划与方针的制订等。

（6）总结归纳能力

很多微商，只顾着埋头苦干，却忘了去总结。总结与归纳就是能够从浩瀚的内容中总结出对自己有价值的东西并且能够很好地将其用语言组织到位，同时融入自己的理念与观点。这是作为微信运营者的第一个能力，也是考验基本功的能力。尤其是做微信公众平台，你得每日去看看后台数据，看看粉丝情况，看看文章传播情况，总结出哪些地方做得好，哪些地方需要改善。

（7）抓住重点能力

抓住重点能力即能抓住平台独特的吸引点，而不是毫无规则地乱做内容，也就是能够迅速准确地在众多的微信用户以及所发布的内容当中找到自己想要的，并且能够结合时下的热点以及你的受众用户的兴趣点，将其很好地用自己的语言呈现在公众面前，做到精、细、美。

（8）品牌树立能力

打开微信公众平台首页，可以清楚地看到一句话："再小的个体，也有自己的品牌。"微信公众平台提供了良好的商机，能更好地推广自己的品牌，不仅可以为自己创造个人品牌，也可以为企业创造品牌。但是，你要怎么去树立自己的品牌，这就是微信运营者必须要清楚知道的。

（9）综合推广能力

对于微商新手而言，只依托某个平台，而没有一个综合性的推广，粉丝的增长是非常慢的。因此，综合推广能力对于微商新手而言非常重要。例如，运营一个微信公众平台，一开始即使不使用什么技巧、方法去推广，只靠发布几篇文章就可以获取大量粉丝关注，但到了后期增粉难度会越来越大，运营几个月也许只能增加几十个粉丝，这需要综合采用各种方法去推广，经过多个渠道的累积，获取到的大都是这个行业的精准用户。

（10）营销策划能力

目前大部分的微信公众平台运营者都不知道怎么去做营销，还有很多微信营销停留在发广告的思维上面，认为发一条广告出去，有人来买单，这就是微信营销了，其实这种理解是片面的。也有很多平台，营销一次效果还好，想要进行二次营销就不容易了，这也是微信营销上的一大难题。

营销策划是指根据企业的营销目标，以满足消费者需求和欲望为核心，设计和规划企业产品、服务和创意、价格、渠道、促销等一系列的策划，从而让平台粉丝主动来购买产品。营销最忌讳的就是发"纯广告"，什么是纯广告？也就是信息里面只介绍产品名称、价格，而这样只能骚扰粉丝。想学好营销策划，可以多研究苹果、小米手机的营销方式，用到微信营销上也是非常有效的。

最后，需要强调的是，作为微商新手不要盲目盯着那些一个月几十万、几百万的大微商，因为加入这些大的品牌微商也是需要一定资本的。其实，成功都是长期积累的结果，关键还是脚踏实地锻炼自己的基本功，有了上述10大能力，做好微商也就更加游刃有余了。

1.2.3 抛弃不良心态，准备打"持久战"

只要是做微商的，一定遭受过他人的不理解、质疑和打击，这时，该如何去面对，是泄气、退缩，消极对待，还是真诚、热心，努力改变他人的错误想法？这就看个人心态了。做微商必须有个好心态，微商创业和传统创业一样，是场"持久战"，不在风雨中经历挫折，很难见到彩虹。

如果你还没准备好，心态不够积极，信念不够坚定，请不要轻易涉足。那种刚开始做就说"货卖不出去怎么办"的人最忌讳做微商，一开始就这么胆怯，怎么能做好？微商新手常有的不良心态有以下6种，具体如图1-5所示。

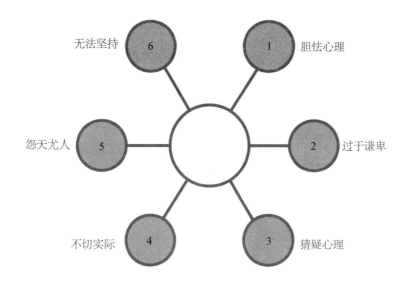

▲ 图1-5　微商新手常有的6种不良心态

（1）胆怯心理

有些人性格比较内向，不敢表达自己内心的想法，害怕被客户拒绝。可是，这样还怎么做微商呢？做微商就是要与客户沟通，了解客户的真实需求，就要敢于开口，敢于说出自己的真实想法，这样粉丝才会信任你；敢说敢做，并且勇于面对失败，让自己的内心强大起来，才能在气场上压住别人。

（2）过于谦卑

粉丝是客户，客户就是上帝，尊重粉丝是应该的，但尊重要有个度。在粉丝面前不要太过于谦卑，也不要以低三下四的态度来对待，这样反而会引起粉丝的反感。换个角度想想，自己愿意与一个仆人一样的人做生意吗？人与人是平等的，平等地与粉丝交流，是在帮助客户解决问题，而不是硬把自己的产品塞给客户，应该是客户来感谢我们。所以，要学着欣赏自己，学着适当的自恋，每天给自己一点心理暗示来克服这种心理。

（3）猜疑心理

有些微商销售喜欢以"貌"取人，无端猜疑，因为看到有些客户长相不太好，打扮得不够时尚，就怀疑别人没有购买能力。这种心态是最要不得的，虽然你自己没感觉出什么，但这会体现在你的动作行为上，一旦粉丝有所察觉，你就会失去这个客户。再小的粉丝也是会带给你财富的人，所以不要区别对待粉丝。财富是一点一滴地累积起来的，不要妄自猜疑粉丝的身份地位。为每一个粉丝都做好服务，让他们成为你的忠实粉丝才是真理。

（4）不切实际

幻想一夜暴富，成为百万富翁，相信很多做微商的人都做过这样的梦，看到别人做微商月收入百万，自己就非常羡慕嫉妒，也想去分一杯羹。但是，很多人不思进取，只看到别人的成功，却看不到别人成功背后的辛酸与血泪。爱幻想不是病，但你要把你的幻想付诸行动，脚踏实地去干，努力积攒经验，服务好你的客户，终有一天会实现你的梦想。

（5）怨天尤人

很多人都会遭遇困难和挫折，人生道路也不是一帆风顺的，如果遇到一些困难和挫折就自暴自弃、怨天尤人，那就什么也做不好。做微商也是一样，如果因为产品没有卖出去就开始埋怨上家不传授经验，埋怨产品不好，埋怨朋友不够意思，这样你就永远没有成功的机会了。遇到问题，不要埋怨，应该从自己身上寻找原因，并且寻求解决的办法。

万事开头难，不管哪个行业在发展初期往往都备受质疑，微商也不例外。微商是一种新的商业模式，也需要在质疑声中成长。既然选择做微商就不要在乎别人的说法，而是要相信自己，自信面对，积极投身于自己从事的事业，从中获取快乐与尊严，从而实现人生的价值。

（6）无法坚持

微商贵在坚持，掌握实战性的营销方法和技巧才是王道，成功唯一的捷径就是不断地学习和坚持，毕竟微商作为一种新的商业模式，尚处于发展的初级阶段。任何一种商业模式的发展都要经历一个艰难过程，当陷入困局时，不妨拿起笔，写下这些困惑，认真地分析问题，不断学习和探索，找到解决问题的方法。有了方法才能有方向，才不会迷茫。

第2章

新手创业前的准备工作

俗话说"不打无准备之仗",任何事情在正式做之前都必须做足准备工作。同样,微商创业也需要精心准备。新手创业前的准备工作,关键是做好两点:一个是打造团队,另一个是选好产品。

2.1

打造团队：微商就是团队制胜

真正优秀的微商需要组建一个完全属于自己的团队，这个团队是完全为代理商、消费者服务的。只有组建一个好的微商团队才可以更好地服务代理商及消费者，实现更多利润。本节将就如何创建团队，应做好哪些准备工作进行阐述。

2.1.1 法律准备：依法经营与登记

2018年8月31日，新《电子商务法》出台，对代购和微商经营做了明确规定。这预示着微商由最初的粗放式经营正式步入法制化、规范化、制度化经营的新时代。

在新《电子商务法》出台之前，很多微商是通过微信朋友圈或社交平台，私下向亲人、朋友、同事等熟人推销，即所谓的"杀熟"。但由于缺乏完善的法律法规的监督、机制的束缚，隐患多多。如制作虚假广告和交易记录，产品质量难以保障等。

祁女士是一家企业的工作人员，在微商刚兴起时怀着好奇心，不失时机地成为一名微商。她专门在微信朋友圈向朋友推荐化妆品、保健品等，初期生意还不错，买主都是她的朋友，然而时间一长她的生意却一天不如一天。

她经过与几个相熟的朋友沟通后才知道，有些产品质量并没有宣传的那么好，但碍于朋友面子又不好意思退货或索赔。这时，她也终于明白很多用户为什么都是一次性的，没有复购率。一段时间后，她的生意越来越差，难以维持，最后不得不关门大吉。

微信朋友圈是微商的聚集地，然而在某种程度上也是假冒伪劣产品的重灾区，各式各样的微商广告铺天盖地，销售的产品令人眼花缭乱、真假难辨。为什么会出现这种情况呢？原因在于大多微商没有在市场监督管理部门注册登记、产品没有备案，产品质量无法得到保证，一旦出现交易纠纷，更是很难通过法律手段来解决。这也使得消费者对朋友圈的微商警惕性大大增强，不敢轻易购买。

2019年1月1日后，这种现象会大大减少，根据新《电子商务法》的规定，微商被纳入了监管范围。按照新法规定，电商平台上的代购、微信朋友圈里的微商、直播平台中卖东西的网红主播都有了个新名称，统称为"电子商务经营者"。按规定，凡是电子商务经营者都必须依法进行登记，包括所经营的产品也必须经相关部门的认证。例如，经营食品的商家就需要申请"食品经营许可证"。

新《电子商务法》与微商相关的规定及条文解释，如表2-1所列。

◆ 表2-1　新《电子商务法》与微商相关的规定及条文解释

法律条款	条款内容
第十条	电子商务经营者应当依法办理市场主体登记。但是，个人销售自产农副产品、家庭手工业产品，个人利用自己的技能从事依法无须取得许可的便民劳务活动和零星小额交易活动，以及依照法律、行政法规不需要进行登记的除外
第十一条	电子商务经营者应当依法履行纳税义务，并依法享受税收优惠。 依照前条规定不需要办理市场主体登记的电子商务经营者在首次纳税义务发生后，应当依照税收征收管理法律、行政法规的规定申请办理税务登记，并如实申报纳税
第十二条	电子商务经营者从事经营活动，依法需要取得相关行政许可的，应当依法取得行政许可
第三十八条	电子商务平台经营者知道或者应当知道平台内经营者销售的产品或者提供的服务不符合保障人身、财产安全的要求，或者有其他侵害消费者合法权益行为，未采取必要措施的，依法与该平台内经营者承担连带责任。 对关系消费者生命健康的商品或者服务，电子商务平台经营者对平台内经营者的资质资格未尽到审核义务，或者对消费者未尽到安全保障义务，造成消费者损害的，依法承担相应的责任
第八十三条	电子商务平台经营者违反本法第三十八条规定，对平台内经营者侵害消费者合法权益行为未采取必要措施，或者对平台内经营者未尽到资质资格审核义务，或者对消费者未尽到安全保障义务的，由市场监督管理部门责令限期改正，可以处五万元以上五十万元以下的罚款；情节严重的，责令停业整顿，并处五十万元以上二百万元以下的罚款

此次新修订的《电子商务法》最大亮点就是将消费者利益放在了首位，对卖方义务和责任划分更加明确，卖方需要对消费者承担更多的义务和责任，未尽义务和责任者受到的处罚也更严重。

随着国家在电子商务领域法律、法规的不断完善，微商经营再也不是法外之地。合法经营是创建团队的前提和基础，无论规模大小，经营什么样的产品，都必须符合法律相关规定。因此，新手微商创业前再也不能像以前一样盲目，必须充分了解、学习相关政策、法律法规知识，了解国家对行业有哪些特殊的规定，依法登记，办理营业执照，按法律规定行事。

微商依法登记、申请营业执照流程如图2-1所示。

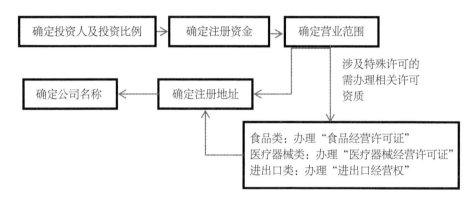

▲ 图2-1　微商依法登记、申请营业执照流程

2.1.2　描绘愿景，树立责任和价值观

"愿景"是一种由组织（团队）领袖与组织（团队）成员共同形成的，体现着整个组织（团队）的立场和信仰，体现着组织（团队）社会责任和价值观，具有引导与激励组织（团队）成员的未来情景的意象描绘。愿景，可在不确定和不稳定的环境中，给组织（团队）指出未来发展的方向，确立未来发展的目标。众所周知，一个优秀的企业都有远大、美好的愿景，同样，一个好的微商组织（团队）也需要树立远大的愿景。

微商组织（团队）愿景又有其特殊性，愿景与目标并不相同，难以用数字直接衡量。现实中，很多微商团队有"本月销售额应达到××××元""本季度利润应达到××××元"的目标，但这只是冰冷数字的目标，而不是充满善意、大爱的愿景。这样的团队，或许能够在短期内赚钱，却无法给员工带来长久奋斗的动力，荣誉感和自豪感。

一个团队只有树立愿景，并用此指导团队的运行，才可更有凝聚力，持续吸引新人不断加入。那么，对创业新人来讲，如何树立团队的愿景呢？可从以下3个方面入手，如图2-2所示。

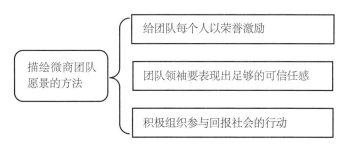

给团队每个人以荣誉激励

描绘微商团队愿景的方法

团队领袖要表现出足够的可信任感

积极组织参与回报社会的行动

▲ **图2-2　描绘微商团队愿景的方法**

（1）给团队每个人以荣誉激励

荣誉往往胜过金钱刺激，在优秀的微商团队中，愿景内容必然囊括能带给每个人尊严的激励，其中包括授予代理的荣誉，如称号、头衔等，也体现为代理在团队中所体会到的人情味、亲切感。因此，那些充分重视成员个人尊严的团队，值得优先考虑选择。

（2）团队领袖要表现出足够的可信任感

好的微商团队，从团队领导到代理都要表现出足够的可信任感，表现在愿景中，能够催生团队的集体成长。如果一个团队各项规章制度中表现出的不仅有对代理行为的规范，还有对代理成员潜力的肯定，成长的关心，那么该团队就是值得微商新人为之奋斗的。

（3）积极组织参与回报社会的行动

微商团队作为企业类型的一种，同样扮演着社会组织的角色，既要关注自身利益，也需要关注社会利益。优秀的团队在其发展过程中，不仅重视获取利润的目标，也突出回报社会的目标。例如，带领员工参加慈善活动，积极开展社会责任意识培训，通过媒体推广企业的爱心理念等。

2.1.3 组织架构：保证工作的高效运转

组织架构是企业的流程运转、部门设置及职能规划等最基本的依据。我们知道，传统企业有多种形式的组织架构，包括中央集权制、分权制、直线式及矩阵式等，而微商团队则简单得多，大多采用适合扁平化管理的直线式。即上下两

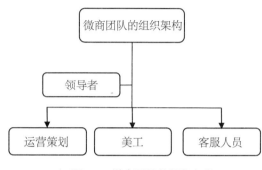

▲ 图2-3　微商团队的组织架构

级组织架构制，上层是团队领导者，下层是员工，包括运营策划、美工和客服人员，如图2-3所示。

（1）领导者

一个团队有个强有力的领导者很重要，就像一个国家、一个公司一样，领导者决定了这个国家、这个公司的发展前景。一个优秀的微商团队首先需要一个优秀的领导者，也就是团队的创始人。作为微商团队的领导者，他必须要有一定的号召力、影响力和感染力，必须要起到带头作用。团队成员会以领导者为榜样，并且以绝对服从的心态跟从。作为整个团队的主心骨、灵魂，如果领导者自己都做不好，还谈什么领导整个团队。

微商领导者至少是一级代理，可能是总代，甚至是厂家本身。因为只有拥有足够的资金，才有可能建立起以自己为核心的快速高效运转的小团体。

（2）运营策划

好的微商基本上依赖的是强大的运营，运营是互联网时代企业管理的标配。一个好的企业团队必须配以完善、科学、合理的运营工作。因此，现在出现了一个新的职业——运营策划，包括产品运营、用户运营、活动运营、数据运营等。运营策划的职责如表2-2所列。

◈ **表2-2　微商团队运营策划的职责**

职位职责	职责内容
数据分析	通过数据来确定微商聚集的地方，确定推广的方向，策划招收代理的方案
活动策划	为不断曝光团队、曝光产品，定期策划活动，提升销量，完成指标
活动推广	通过数据分析和长期推广活动经验，提起文案修改的要求，提升代理转化率
活动优化	一个优秀的运营策划要懂得SEO优化、社区营销、主动营销、饥饿营销和病毒营销等推广方式

以往传统的企业团队只要有足够的技术支持、质量保证，基本就可以在市场上立足，而互联网时代的企业团队，除了具备上述两个条件外，还必须辅以强大的运营。质量、技术、运营是支撑一个互联网产品赢得市场和用户的三个基本条件，其中运营在整个运转过程中起着决定性作用。在质量接近、技术日益普及的前提下，产品与产品之间拼的就是运营，这也是本书要重点强调的。

一个产品必须要重视运营，否则即使有再好的质量，再成熟的技术，也很难持久发展下去。运营策划是微商团队最核心的成员，可以由团队领导自己兼任，也可以由合作伙伴担任。招代理速度的快慢跟运营策划的关系是最大的。

（3）美工

微商产品只有依托各种社交平台才能实现宣传、推广和营销，甚至很多时候，产品的信息传递都离不开特定的平台。在这种情况下，图片广告就成为产品信息传递的主要载体，消费者通过图文并茂、生动活泼的图片就可以了解到产品详情。

那么，如何让图片最大限度地凸显产品信息，吸引消费者关注呢？这就需要美工。美工在团队中一般负责对产品宣传、推广、营销活动的文案进行色彩、基调、创意上的加工和创作，让内容得到更好的呈现。美工的职责如表2-3所列。

◈ 表2-3 微商团队中美工的职责

职位职责	职责内容
活动图片设计	好的活动是引爆营销的关键，也是优秀微商实力的体现，更决定了客户的去留。因此，美工必须懂得如何做好活动图片
产品详情图片	产品详情图片直接关系日常的转化率，在当下微商行业竞争白热化的情况下，转化率提升尤其重要，美工要做好产品详情图片
日常图片处理	美工能够快速完成下家图片处理的需求，往往也是留住下家的关键。这里可能还会涉及产品拍摄，如果美工还具备此方面的能力，往往在扩展代理方面能够更加顺利

（4）客服人员

客服人员是微商团队中必不可少的组成部分。现代社会是一个服务至上的商业社会，只有高质量的产品已经远远无法满足用户需求，还需要配以高体验的服务。一个团队想要在当今社会中立于不败之地，除了好的产品外，最重要的就是服务。而服务该如何体现和执行呢？那就离不开客服人员。

服务决定着一个企业的发展，那么，客服人员一般来讲具体负责哪些工作呢？客服人员的具体职责如表2-4所列。

◈ 表2-4 微商团队客服人员的具体职责

职位职责	职责内容
售前接待	直接跟微商接触，建立联系，推广产品和代理政策。要求熟悉自己的产品和微商规则，有一定销售能力和经验
售中维护	成功建立联系以后，需要定期维护客户关系和跟踪，提升代理转化率
售后处理	针对代理提出的问题，要快速准确处理，耐心、专业、高效很重要

一个完美的团队至少需要有以上4个职位分工。虽然很多优秀的微商常常是一个人把三个人的活都干了，而且效果似乎还不错，但一定要意识到分工合作的重要性，只有明确的分工才能更加高效快速。如果决定创业，就一定要考虑组建自己的团队，这才是健康的运营，才能够挣到更多的钱，才能够把自己的微商事业做得更强更好。

2.1.4 树立形象：打造良好的形象

商业心理学的研究告诉我们，人与人之间的沟通所产生的影响力和信任度，是来自语言、语调和形象三个方面。它们的重要性所占比例分别是：语言占7%，语调占38%，形象（即视觉）占55%，由此可见形象的重要性。关于形象的重要性，很多人都知道，塑造和维护个人形象会给初次见面的人以良好的第一印象，却往往忽略了打造团队的形象。

随着现代社会商务来往的日益频繁，更多的企业或团队也更加注重自身的形象。基于此，越来越多的企业、团队都在寻求团队形象的突破，而其中一个重要的途径就是，为团队及个人量身拍摄商务形象照，打造高大上的专业个人形象与富有朝气活力的团队形象。

那么，如何打造好的团队形象呢？

（1）好的团队名称

雁过留声，人过留名。名称对一个人很重要，对团队也同样十分重要。所以，在打造团队时首先应该给团队取一个易记、响亮、有正能量的名称。

一个好的团队名称，一方面可以吸引更多优秀的人加入团队阵列中；另一方面有利于品牌的传播。例如，你可以将你的品牌设计出来，做成旗帜和条幅，在团队聚会及参加一些大型会议时都可以展示出来。

（2）完善而成体系的培训

培训强，则团队强，好的培训机制和体系可让微商团队整体受益，也能促使每个新手快速转变为高手。大部分微商团队具有非集中性、管理松散性、非专属性等天然劣势，因此唯有依靠好的培训机制、体系来弥补。一套完整而成体系的培训系统，可以让新加入的人员以最快的速度熟悉企业，熟悉产品，熟悉企业政策和文化。

（3）树立榜样，打造标杆

在团队里塑造一些榜样和标杆出来，有助于营造良性竞争的氛围，将整个团队盘活。例如天猫，每年的"双十一"，都会捧一些知名大品牌，或者是一些新锐品牌，将它们进行包装推广，以此来吸引更多的公司、更多的品牌加入天猫。所以一旦团队里有一些代理做得非常好，或者是进步非常快，值得大家学习，一定要进行包装宣传。这样在内部之间既可以相互学习，也可以形成一股你追我赶的风气，对提升团队的竞争力大有帮助。

（4）打造团队积极向上的文化

三流的企业人管人，二流的企业制度管人，一流的企业文化管人，企业没有文化则不成企业，同样，一个团队没有文化一样不能称其为团队。文化是团队各个成员之间的黏合剂，要想打造一个有战斗力的团队，必须用文化来约束和规范。例如，团队口号、团队标语、团队聚会、团队精神等，都属于文化的一部分。团队成员不多的时候靠人管人尚可，一旦成员多了就必须要依靠团队文化去管理，这样才有效率，团队也才有激情。

团队只有拥有积极向上的文化，整个氛围才显得非常和谐。一旦团队成员中有人不认可、不认同其文化，完全融入不进去，就会自动自觉地离开。这就是文化的力量，适者留，从而凝聚起一批有着共同的世界观、人生观、价值观的人，合力共创事业。

2.2

选产品：只卖适合自己的产品

每个行业都有其不同的核心产品，每个圈子又有着他们受欢迎的不同产品。在移动互联网的强大传播中，如果产品不可靠，不适合某个圈子，该微商就会加速灭亡。如果你还没有找到适合自己的产品，微商之路就不能真正开始。

2.2.1 微商要发展，产品是关键

微商，虽然在商业营销主体上、消费群体上着眼于"微"，通过智能设备相互之间的广泛联系服务特定的客户。但就本质上讲，它与传统商业模式是一

样的，即旨在为客户提供高质量的产品和服务体验。因此，要想成为一名成功的微商创业者，最根本的还是提高产品质量。

只有从产品质量抓起，积极维护每个客户的利益，保障消费者的权益，才能实现从无到有、从弱到强的成长。

纵观微商发展的这些年，为什么很多微商会稍纵即逝？原因就在于其只注重营销，而忽视了产品质量。忽视产品质量必然使微商存在着诸多风险，具体包括以下3方面，如图2-4所示。

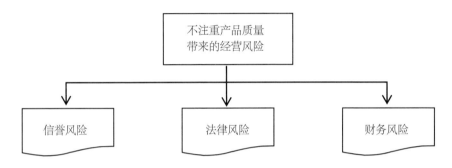

▲ 图2-4　不注重产品质量带来的经营风险

（1）信誉风险

与其他行业一样，微商的发展也伴随着一系列问题产生。2015年，中央电视台对部分微商的曝光就围绕着产品质量问题展开，直接导致多家微商巨头轰然垮塌，原有的良好形象不复存在。

从初创企业的角度来看，一旦产品质量出现问题，客户就会产生被欺骗感，那么该企业不仅难以吸引新客户，原有的社交圈好友也会对其产生质疑，导致微商事业中断。

鉴于此，微商必须专注于产品，以产品质量为本，改善客户体验，从而提升信誉。反之，轻产品，重营销，只能让微商事业昙花一现，甚至死在"起跑线上"。

（2）法律风险

即便是大型微商企业，如果忽视了产品品质，出售假冒伪劣产品，最终也会受到法律惩处。

例如，在2015年，常熟市人民法院就对首例微商售假案进行审判。微商孙某由于在朋友圈售卖仿冒香奈儿（CHANEL）、路易威登（LV）等品牌商标的皮包、饰品，销售金额超过了26万元，最终被依法判处有期徒刑3年，缓刑3年，并处罚金人民币13.5万元。

（3）财务风险

众所周知，虽然进入微商的门槛较低，但依然需要一定资金，用于囤货、宣传启动等。如果忽视产品因素，仅仅将注意力集中在营销方法上，一旦产品的供应链或市场形象出现问题，就会直接导致货"压"在手上，无法销售。这样，微商经营者的前期财务投入和付出就有可能付诸东流。

与此相反，在成本得以控制的基础上，尽量提升产品某一环节的工艺水准，如服装面料、面膜功能等，反而能够吸引那些对质量有要求、消费水准较高的人群，将他们打造成为忠实客户。

2.2.2 选产品的基本原则

微商创业必须将产品看作关键，产品质量是保证成功的基础。因此，每个人创业前首先要选好产品，其次再思考销售方式和途径。如果在前期没有选择好产品，后期即使推广、宣传、售后做得再好，也很难做大做强。

正所谓有人的地方就有市场，而受众信赖是赢得市场的基础。任何一个企业如果想要自己的产品在微信上得到尽可能多的关注，就必须最大限度地去保证好产品质量，满足大众的需求。无论是卡维妲集团的美至闺蜜面膜还是其他的护肤品都是每一位现代女性的必需品，所以市场注定火爆。

由上述案例可以得知，微商选择产品至少要遵循4个基本原则，具体如图2-5所示。

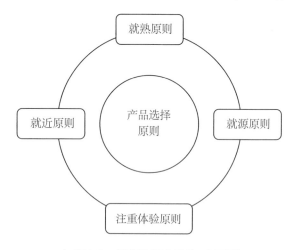

▲ **图2-5 微商选择产品的4个原则**

（1）就近原则

在选择产品的时候，可以从自己身边的产品来选择。例如，销售自己家乡的产品，销售自己公司的产品，销售身边好友正销售的产品等。

（2）就熟原则

微商营销就是经营自己的圈子，自己的圈子有什么样的人群，就应该销售什么样的产品。比如，如果是一位大学生，在选择产品的时候最好选择大学生需要的产品；如果是一位老板，身边有不少企业家，在选择产品时最好选择企业家需要的产品，像高端手表、高尔夫球杆、企业培训等；如果是一位女性，那么护肤、美容、塑身类产品就会比较适合她身边的那一类人群。

（3）就源原则

微商想要做大，一般会采取招代理的方式。如果作为个人微商，想要起步较高直接招代理，可以选择与厂家合作或者代运营的方式拿到一手货源。因此，微商需要在新零售时代更加看重产品本身。

例如，想要销售阿胶类产品，来自东阿产地的供应商就具有强大优势；想要销售海参类保健品，自然是沿海地区供应商比较有优势；想要销售红酒，具有海外产地背景就比较重要了。

（4）注重体验原则

在传统微商中，不少代理根本没有体验和使用过产品，就通过复制和粘贴图片，在朋友圈进行营销。而新微商需要认识到产品品质同个人品牌紧密相关，自己亲身体验过的产品，如真正吃过的零食，真正用过的功能产品，或者亲自使用过的化妆品，才能经得起时间和市场的考验。

总之，每个微商创业者都应该根据自身的优势，对所销售的产品，尤其是主打产品严格遴选。产品质量必须过硬，从产地归属、原料供应，到生产工艺、质量监控都非常重要。

2.2.3 好产品的组成要素

一款好的产品不仅能提升人气、口碑，还能提升用户对你的信任感。不过，在选择产品时，同一类产品也有真假、价格、质量、成分上的区分。在掌握了选择产品的基本原则之后，接下来要了解一款好产品应具备的基本组成要素，如图2-6所示。

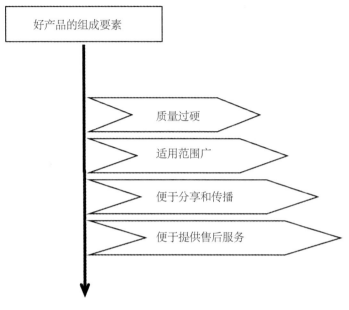

▲ **图2-6 好产品的组成要素**

（1）质量过硬

微商营销主要营销熟悉的圈子。在这个圈子里，大多数用户都是好友，他们对你有着天然的信任关系。在信任的基础之上，如果你销售给他们的产品是假货、A货、残次品，就会让好友对你失去信任。这不仅会影响产品的销量，还会让你在这个圈子里的形象一落千丈乃至被疏离。所以，不能把信任当儿戏。想要在以熟人营销为主的微商圈子里永远发展下去，一定要选择质量过硬、有保证的产品。

为此，微商从新手阶段开始，就要专注于挑选真正富含价值的产品。这样的产品不仅能带给终端消费者良好的体验，还能为他们解决现实中的痛点，长期满足他们的需求，发挥真正的作用。

在早期的微商中，部分创业者由于种种原因，选择了缺乏真正价值的产品，如价格超贵的面膜，缺乏售后服务保障的电器，"三无"嫌疑的食品等。这些产品经过精美包装和宣传推介，被多层级代理购买，在短期内取得了火爆的销量。然而，由于产品缺乏真正价值，一段时间后，整个市场充斥着新人代理，却没有真正的客户。这样的微商创业项目，势必难以为继。

（2）适用范围广

适用范围是指产品覆盖的消费群体，微商选择的产品最好是大众化的产品，即需求大，覆盖人群广。这类产品消费人群较多，较大众，这不仅能保证产品销售出去，还能满足业务扩张。例如，生活日用品、美容护肤品、礼品、保健品等。除非你的圈子特殊，有产品需求，否则不要尝试字画、古董、茶具等小众产品。

（3）便于分享和传播

微商主要做手机生意，手机在显示方面不如PC端。许多微商经常犯的错误就是，将电脑上的图片直接放在朋友圈宣传。这让小小的手机完全无法展示图片真正的魅力，从而导致销售结果不理想。

例如服装，一套服装的上身效果，如果用全景图片会导致模特较小看不清真实细节；使用半身效果图又无法看到搭配后呈现的整体效果。为了避免这类问题发生，最好拍摄适合手机展示的产品图片。

（4）便于提供售后服务

产品销售过程中，如果没有完美的服务，会降低客户的体验感，轻者导致客户抱怨，重者形成不良口碑，影响日后销售。为了让服务更完善，最好的办法是选择一次性购物，不用售后的产品，例如，食品、面膜等。客户收到货打开就能使用，完全不用担心售后问题。但如果销售家电、电子产品等，就会涉及维修等售后服务。

在选择产品时，大部分产品不能一次满足多种需求。如果所选择的产品在某一方面有缺憾，可以尽力弥补该方面的不足。例如：选择的产品通用性较差，在宣传时尽力宣传该类产品许多用户已使用，是一件大众消费品；或结合热点，提高用户对产品的认识，成功避开产品的不足。没有哪件产品是尽善尽美的，但一件产品只要具备两到三种优势，就可以直接销售的。

任何销售都离不开产品。就算站在台上的讲师，他销售的也是"思想"这个产品。所以，选择销售什么样的产品也是微商遇到的最大问题。如果产品选对了，生意风生水起；如果产品选择错误，很可能做了很久也没有任何成绩。

2.2.4 适合微商销售的6类产品

进入什么样的圈子就销售什么样的产品, 产品定位一定不能忘记圈子这个大环境。但在同一个圈子里, 可销售的产品非常多。那么, 选择什么样的产品来销售才能让利益最大化呢?

（1）附加值高的产品

微商的特点是做朋友圈的生意, 既然是朋友, 难免在前期为了维系友谊要赠送朋友小礼物或产品, 或者在服务上做得更完善。在选择产品时, 就应多从上家了解这方面的优惠政策, 尽可能地选择有较大附加价值的产品。

（2）复购率高的产品

一件价格上千、上万元的产品利润虽然很高, 但用户购买一次后可能就不再消费。销售这类产品, 需要不断寻找新用户, 以保证生意长久做下去; 而常销品, 虽然价格不高、利润低, 但用户购买一次后会重复购买, 只要有固定的老客户, 就能将生意维持下去。细水长流的生意更容易出爆品, 获取更大的利益, 例如, 面膜、食品等。

（3）性价比高的产品

微商想把生意做好, 需要扩大交际圈认识陌生用户, 并把陌生用户变成好朋友。想要扩大交际圈最快、最有效的办法就是好友帮助传播。一件产品能否在朋友圈畅销, 同样离不开传播。不过, 能够传播的产品, 大多是质量可靠的产品。所以在选择产品时, 可以选择性价比高的产品, 这样才能提高自己的信任度, 提高产品的口碑。

（4）定制产品

微商为用户提供一对一服务, 有助于满足每位用户的个性化需求。所以, 你可以根据自己的产品特色为用户打造定制产品。比如你销售茶叶, 用户需要某种口感的茶, 你可以根据他的喜好定制; 例如你是做手工产品、服装、工艺品的微商, 就更容易个性定制了。只有满足了用户的需求, 生意才能做得更好。

（5）显性产品

显性产品就是以品质见长的产品, 也就是通过时间、实践检验效果越来越显著的产品。用户看到实例，或在使用过程中体验到良好的产品特性，就会自发地分享和传播。这类产品会随着品质的不断提升，使新客户变成老客户，例如美容美体产品、纺织品、农产品等。

（6）稀缺产品

网络将世界各地的风景、美食、特产等送到网友面前，让世界变得新奇起来。不少网友对异国他乡的产品非常有兴趣，这让许多身在国外的中国人做起了代购的生意。如果你有这方面的资源，也可以满足那些热爱奇珍异宝、地域特色的好友，利用稀缺、少见的产品达到营销的目的。

2.2.5 产品选择的3个坚持

在产品选择上，如果只是死板地遵循最基本的原则，或仅仅在框定的几个类型中选择，有时候会显得捉襟见肘。其实，这里有个更普适性的做法，即强调3个坚持：第一，坚持多做快消品；第二，坚持根据自身情况进行定位；第三，坚持多做细分领域。

（1）坚持多做快消品

为什么选择快消品？这是因为这类产品具有特殊性，无论在互联网还是在移动互联网上，快消品由于单品价位不高，更容易激发人们的消费欲望。快消品消耗频率较高，使用周期短，不同的群体对快消品的使用都有涉及，这决定了快消品具有很高的便利性。除此之外，还因为快消品的宣传、产品包装等更易赢得人们对于产品本身的喜爱。

同时，快消品竞争激烈，渠道多样。从百货商场、批发市场到连锁商家、卖场、网络电商等都有它的身影，而微商则是借助自己的平台为快消品增加了一条新的渠道。

另外，快消品还有容易推广，不会造成积压等优势。总之，与普通产品相比，快消品特别适合微商销售。总结起来，快消品具有以下7个优势，如图2-7所示。

快消品作为微商选品的优势

- 单品价格低，更容易激发人们的消费欲望
- 消耗频率较高，使用周期短，需求面大
- 销售周期短，产品周转快，更新快
- 容易推广，用户很容易被广告、好友的推荐而影响
- 用户对特定品牌依赖性较小，便于产品的多样化销售
- 使用方便，操作简单，不需要额外指导
- 不需要特殊售后服务，用户提出问题后可在最短时间内解决

▲ 图2-7　快消品作为微商选品的优势

（2）坚持根据自身情况进行定位

选择自己喜欢的产品，一般来讲都不会差。因为你喜欢这款东西，所以自然而然也会全身心地去经营这款产品。不要盲目跟风，看见市场上某款产品特别火，但是自己一点也不喜欢，可还是去做了，这样肯定做不好。并且做产品一定要少而精，有的代理同时有好几个上家，同时卖好几种产品，客户往往分不清他具体卖什么。

（3）坚持多做细分领域

选择产品还要注重差异化，不要盲目跟风，甚至以为多是好事，以为"看，我这什么都有，客户一定会来我这购买的"。如果你真的是这么以为的，那么就大错特错了。

因为卖的种类多，你的店像个杂货铺，客户会觉得你不可靠，因为他们不知道你具体是经营什么的，主营什么，副营什么。而且事实上你也很难做好，因为根本没那么多精力去了解众多产品的功能、性能，在客户心里树立不了一个真正权威的形象。一种专业的品牌，一定要让客户提起你的名字，就会联想到你的产品。

2.2.6 结合自身优势选择产品

做任何事情都是以发挥自身优势为前提的，如果能以自己所长去做事，那么必定会达到事半功倍的效果。做微商也是如此，选择卖的产品要符合自身的实际情况，尽可能地发挥自身的优势。

杨女士生活在三线城市，她在餐饮店当服务员，在生活中是个典型的时尚女生，喜欢美妆，爱好打扮，经常参照网络红人设计别出心裁的妆容。婚后不久，杨女士怀孕了，加入了同城孕妇交流的微信群、QQ群，和大家一起讨论怎样在孕期合理保养皮肤，对抗妊娠反应。由于她的知识丰富、方法实用，杨女士很快有了不少社交好友。杨女士眼光独到、为人热情，和大家相处得非常愉快。她开始向好友们推荐自己代理的化妆品。因为产品价格适中、用途广泛，化妆品的销量逐步提升，代理队伍也开始壮大起来。

齐女士是某医院的一名护士，热衷于养生，通过多种途径了解了很多养生知识，每天下班后都会参加一些养生讲座。2018年，她决定兼职从事微商创业，代理了一款国外品牌知名度较高的保健类药品，该产品主要面向中老年人群。她利用自己的职业优势，不仅可以指导用户用药，还可以配合他们制订计划，让产品发挥更大效果。丰富的行业知识很快让她赢得了客户信任。齐女士将这款产品推荐给身边的朋友们，得到了良好的反馈。这样，她开始拥有了自己的客户群。

杨女士和齐女士有着完全不同的工作圈、生活圈和爱好圈，但都能稳定起步，建构前景良好的微商事业，原因在于她们能够清楚、客观地认识到自身优势，并以此为指导选择产品。与她们一样，每个微商新手在选择产品之前，都应该对自己进行一番分析，以便更好地定位自己，认清自己。怎样结合自身优势来选择产品呢？可以从以下两个方面着手。

（1）自我分析

一个人能从事怎样的微商项目并非随心所欲的，而是受到自身职业、性别、年龄等的限制，微商自我分析一般涉及3个方面，如图2-8所示。

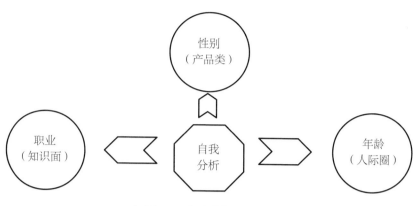

▲ 图2-8　自我分析的3个方面

1）职业

职业不仅决定着一个人的收入，更重要的是决定着他的知识面和层次。这也是微商创业者进行自我分析时需要考虑的最重要的一个方面。选择产品，应该重新审视自己的知识积累。而知识积累从哪儿来？最主要的就是在工作和实践中积累。很多人由于职业习惯，会形成持久的、稳定的知识输出，如医生、化妆师等，当所选产品与自己的职业相得益彰时，才能有的放矢，更好地卖出产品。

一般而言，企业员工，服务行业、物流行业等从业者，可以选择大众化、日常化的微商产品。中小企业主、公务员、医生、大学教授等，则可以选择偏向高价位的微商产品，这样更贴近身边人的消费水准。

2）年龄

年龄决定着一个人的人际关系和社交人群，不同年龄段的人交际特点大不一样。以当前微商的几个主要群体——70后、80后、90后为例，虽然同为接触互联网较多的人群，但年龄俨然成为划分关注点、爱好甚至网络消费方式的重要分水岭。

70后微商创业者，关注男性滋补、女性保养、中老年健康等产品较多；80后多考虑婴幼儿产品、学生用品、教育产品、品牌服饰等；90后则主打年轻人喜闻乐见的产品，如零食、化妆品、健身器械等。

因此，创业者要根据自己的年龄段，分析自己身边的消费群体主要集中在哪儿，有什么消费心理、特征等。

3）性别

选择产品与创业者的性别也息息相关，因为男女的关注点不同。一般而言，美妆、养生、护理、家用等领域的产品，消费主力多为女性，更适合女性创业。相对来说，男性更适合选择健身、保健、办公等领域的产品。

值得一提的是，在90后、00后人群中，"男闺蜜"群体所占比例不小，即使是男性，如果有良好的个人形象，同时具备较为全面的女性朋友资源，也能够涉足女性产品。事实证明，男性微商创业者选择女性产品，也有可能收到奇效。

（2）整理自己最爱的产品名单

任何微商创业者都曾是消费者，因此，挑选产品的好方法是从创业者喜欢的产品入手。在漫长的消费过程中，每个人都接触过大量的产品。你喜欢的产品，往往是质量上乘、性价比突出，同时又能引发你充分兴趣的。由于喜爱，又会激发你对这些产品的了解。因此，微商创业者应该围绕自身喜爱的产品，从消费者转变为销售者。

第3章

微商定位：华丽转身的微商老板

在创业过程中，精准的定位是从事生产、经营、销售等一切活动的基础，也是吸引加盟代理商、消费者的关键。因此，作为新手必须明确知道什么是定位，如何定位，以及定位的意义。

3.1

为什么要给微商定位

定位就是要让客户知道你是谁，是做什么的，能为他带来什么利益。有些微商今天卖服装，明天卖化妆品，后天又卖眼镜，这就是缺乏定位的表现。2018年之前，同时销售多种产品的微商不在少数，而且销量非常不错，这是因为微商还在红利时代，竞争不是很激烈，只要有一定的好友和粉丝量，就有一定的销量。但之后的微商再用这种方法就不可行了，因为如今微商做的是圈子，如果经常换产品就需要不断换圈子，这不仅不能做好生意，还会造成客户流失。

随着微商大环境的变化，竞争日益加剧，消费者的消费观念日益成熟，这样的模式很快就会被淘汰。从长远来看，没有明确定位要想进一步发展是非常困难的。所以，新手微商创业前必须做一个明确定位，这就好比最早做淘宝刷皇冠店铺的店家，因为没有给自己定位，最终导致走向失败。

给微商定位就是明确未来的发展方向，了解自己正处于什么样的位置，明确产品模式和商业模式。明确这些之后，再来做就找准了方向，非常清楚到底该如何做了，所有的努力就不会被白白浪费。

3.2

自我定位

做微商首先要给自己定位，通过对自己进行定位，充分地了解自己，以确定自身的优势，为后期选择做哪一领域，如何做，奠定基础。

3.2.1 角色定位

自我定位需要解决的第一个问题便是角色定位，即你是谁，是个人微商还是企业微商，是想创立自己的品牌还是加盟做代理，抑或是合伙经营。这都需要根据自身实际情况进行分析、定位。

例如，自己既没有产品、货源，也没有成熟的团队，最好以加盟的形式做个人代理微商；如果有产品，且有一定的品牌知名度，只是没有自己的团队，这时可以把主要精力放在组建团队上，做企业微商创业者。

不同的定位创业方向不同，接下来分别从个人微商和企业微商角度进行分析，让创业新手明确如何定位自己的角色，如图3-1所示。

▲ 图3-1　微商角色定位

（1）个人微商

个人微商，起步较为简单，可以借助他人的产品或平台直接销售产品。在起步阶段借助已有的品牌、产品名气展开营销，如果后期逐步有了自己的团队，可扩展为大代理。当自己的队伍越来越大、财富积累越来越多，就可以着重于向微产品品牌之路发展。

（2）企业微商

如果已经有自己的企业或团队，在定位时必然是以企业经营为主。这类微商对经营者要求较高，有些目前还处于起步阶段，其大多是传统企业转变过来的。有些传统企业的产品本身就具有微商产品的属性，然后再融入微商模式，快速转变经营模式，搭建微信商城、微信公众平台，借助微博等网络自媒体做推广。

例如韩束，在涉足微商后，便将自己定位为品牌新渠道里的终极专卖店，主要以代理商为主，借助微商模式来拓展渠道，实现了品牌知名度和业绩提升的双丰收。

3.2.2 经营方向定位

无论做什么事情都应该找准方向，有了方向才不会偏离目标。在对具体的经营进行定位时，最关键的就是认清方向。这个定位会让你更加了解自己的优势，到底擅长什么，更适合销售哪类产品。

在具体做法上可从以下两个方面入手，如图3-2所示。

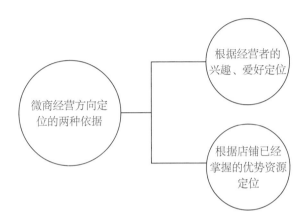

▲ 图3-2 微商经营方向定位的依据

（1）根据经营者的兴趣、爱好定位

每个人都有兴趣、爱好。当你喜欢某件事情时，会愿意花时间去做喜欢的事。在做的过程中体会到真正的快乐，会让你更加充满激情、想象力和创造力。微商创业与普通创业不一样的是，它是一个经营圈子的生意，你完全可以根据自己的兴趣爱好来定位。

例如，××是一位旅游爱好者，因为这份爱好，她去过一些国家和地区。为了省钱，她一般都会跟团旅行。正是这样的爱好和经历，让她对一些旅行社非常了解。为此，她做起了旅行社中介的工作。她介绍旅行社给好友，让好友感受超值服务，而旅行社则通过她来招揽客户。这样，她不仅完成了旅行的梦想，还建立了自己的事业。如今，她已经有了自己的团队和公司。

（2）根据店铺已经掌握的优势资源定位

每个人身上都有别人没有的东西，这个东西就是特长。利用特长做微商，更容易销售产品。比如，有些人是天生的"吃货"，已吃遍全国各地美食、土特产，那他适合做食品生意；有些人喜欢名牌，对国际品牌比较了解，就适合做代购；有些人有设计天赋，那可以做手工产品或销售自己的创意。

那么，怎样给资源的方向定位呢？资源，就是指在某一个行业或者某一个领域里有一定的积累、经验或关系。做微商销售，可以利用这些资源、经验迅速建立圈子，吸引圈内的人购买产品。

朋友圈有一位中医美容师微商，在美容领域有几年的工作经验，通过多年学习和积累有了一定的知识与客户资源。建立了自己的圈子后，她开始在朋友圈内销售与女性有关的产品。给自己在哪方面定位就注定服务哪类用户，在定位前，还可以剖析自己的性格，了解自己更适合和哪类人群交往，哪类人群更喜欢自己。对自己了解越多定位也就越准确。

3.3

商业模式的定位

商业模式是一个企业的灵魂，只要确立正确的商业模式，无论从事什么行业，卖什么产品都能至少保证大方向正确，有80%的机会走向成功。而如果商业模式不正确，或者没有模式定位，那结果必定是失败的。

同样，做微商也是如此，需要先确立商业模式，若是只想着卖东西赚钱，那是做不好微商的。微商最大的好处在于沉淀用户，实现分散的线上线下流量完全聚合。对企业而言，微商是去中心化的电商形态。淘宝是PC时代的产物，大多数传统零售企业在淘宝基本不赚钱，而且面临如何沉淀用户等难题。

一方面，无论是B店还是C店，为商家带来订单的用户属于淘宝平台，并非商家所有。另一方面，用户主要通过搜索完成下单，商家缺乏与用户直接沟通的渠道，无法了解用户的真实需求。

微商模式最大的好处便是将N种渠道客户汇聚在一起，形成一个属于企业自己的大数据库，从而实现个性推荐、精准营销。微信是一个绝佳的客户管理平台，将各渠道的客户汇聚进来后便能实现畅通无阻的通道模式，直接消除了一切中间障碍，商家在微信公众号上就能和消费者建立直接沟通的方式。当消费者使用企业的产品后，发觉价格、效果均不错，可以通过企业统一搭建的微信商城入口申请成为微客，微客可以分享产品链接到朋友圈、微博、QQ空间等社会化媒体上，实现基于熟人推荐方式的裂变式分销。

那么，微商主要有哪些商业模式呢？常用的有4种，如图3-3所示。

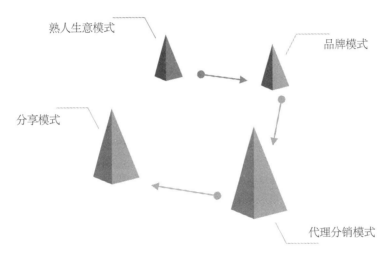

熟人生意模式

品牌模式

分享模式

代理分销模式

▲ 图3-3　微商常见的4种商业模式

3.3.1　熟人生意模式

熟人生意模式主要用在微信微商中，微信是一个相对封闭的社交圈，微信好友或多或少都与微商创业者有某种关系，要么是亲戚朋友，要么是同学同事，抑或是其他熟悉的人等。其实初期的微商都很简单，就是在微信上直接卖产品。因为有这些"关系户"存在，微商在朋友圈内刷刷屏，他们会为此感到新鲜，给予支持鼓励，很快就会成为第一批用户。

有一位父亲在聊天中提到自己的女儿。女儿上大学后除了学习外想要利用业余时间自己创业，但苦于没有丰富的社会经验，所以，选择了门槛较低的微商。因为她社会经历还少，没有足够多的人脉积累，结果这位父亲便成了她的第一位客户，用她爸爸的话说就是："孩子想要创业是好事，如果做父亲都不去支持，谁还能给她创业信心呢？"

于是，很多新手微商觉得，做微商很快就能卖出东西，赚到钱，觉得很开心。其实，那是微商发展的初级阶段，现如今已经没那么容易，而且要由强关系向中关系、弱关系过渡。当我们把身边的强关系客户开发完毕后，就要想想怎么去寻找新客户了，毕竟依靠熟人关系维持运营是非常有限的。

很明显，做熟人生意的局限性很大，因为熟人数量上的限制，做微商很快就会遇到发展瓶颈，一般产品都有一定的使用期，短时间内很难产生二次、三次消费。这个时候做微商的很多人开始进入疯狂"加友"时期，每天不停添加，结果是加进来一大批陌生人，陌生人越多就意味着转化率越低。

3.3.2 代理分销模式

代理分销模式与传统的运营模式有很多相似的地方，类似于厂家到全国各地找当地代理，只不过是由线下转移到了线上。比如，你身边的好友对产品比较认可，那么就可以成为下级代理商，经过层层下沉形成一个金字塔式的经销商梯队。

代理分销微商是常用的一种商业模式，有着独立的运营体系。很多微商在选择这种商业后就开始独立运营，整个公司或团队不设立太多的机构，没有任何经济利润，基本上只依靠代理商生存，只对上级代理商负责。

这种模式的劣势是会遇到熟人生意的发展瓶颈，代理还会通过各种渠道去比较上级代理的产品和价格，可能仅仅一元钱的价格差，也会失去这位代理，这也是多数微商团队都会遇到的问题。但是也有一些微商团队突破了这些瓶颈而发展得很好，他们是怎么做到的呢?其实这就进入了做微商的更高一个层次——品牌模式。

3.3.3 品牌模式

优秀的微商总会有这样的体会，哪怕自己的产品比别人贵，也有人愿意跟着，自己代理什么产品消费者就愿意买什么，这就是品牌的力量，品牌可将陌生人变成忠诚粉丝，粉丝买东西只有一个理由：喜欢。

有了品牌的光环，微商自身也有了某种魅力，他是客户心中的"明星"，他形象好、气质好、有内涵，他有创业经历值得我们参考，他的言谈举止既个性又有正能量，他能够通过他的朋友圈带给浏览者一种莫名其妙的斗志。他是所有小伙伴心目中的明星，他是个人品牌。于是比品牌模式境界更高的一层出现了，即分享模式。

3.3.4 分享模式

分享是最好的销售方式，也是让你最快成为客户心目中"明星"的方法。你细细回想一下，那些顶级的微商早已不卖产品，而是分享自己的成长经历，分享自己如何销售产品的经验，分享自己的创业故事。所以微商成功者大多数都是分享者，每次分享完都会有一大批的粉丝被吸引过来，产品的销售以及团队招募都是瞬间裂变的。

学会分享还可以吸引上游企业的资源，比如，你做代理需要10万元，厂家可能不要分享者一分钱还倒给代言费；也可以吸引下游资源，很多团队可能因为领导者不会分享，支离破碎。但是做微商一定会持续学习和进步，懂得去听别人的分享。你分享得好，别人就跟着干了。这也是新手微商必须懂的一个道理，不仅要卖好产品，还要将卖产品时成交的过程记录下来，总结为什么可以卖出去，别人为什么要买。

经过不断记录、总结，每位客户的故事都可以成为服务下一位客户的经验。

3.4

运营体系定位

创业初期，很多微商都把运营重心放在了细枝末节上，比如，把运营重心放在获取粉丝，追求高业绩，寻找大量代理等事情上。其实，这是本末倒置的做法，最应该做的是对运营体系进行定位。因为一个企业或团队首先必须有完整的运营体系，这将会为后期的经营奠定坚实的基础。

3.4.1 粉丝转化型运营

粉丝转化型运营是所有微商企业或团队中最常见的一种运营模式，核心是用粉丝流量带动销量。这种方式侧重对粉丝数量的追求，在庞大粉丝量的基础上，通过促销活动、优惠政策促使他们购买。

以前只有明星、偶像才会有粉丝，现在人人都可以打造自己的粉丝，只要在某领域做出了成就，成为行业标杆，自然会有众多粉丝，拥有粉丝后，就要针对粉丝展开销售。而作为微商想要打造出自己的粉丝，一是可以不断添加好友，保证一定的粉丝基础；二是注重内容与分享，维护好粉丝，保证不流失。

这种体系最大的优点是简单、高效，可以让转化变得更快速，管理更统一，传播更高效。不过其缺点也是显而易见的，那就是如何添加并维护好粉丝。

比如，QQ和微信是微商获取粉丝的两大"利器"，同时缺陷也很明显。因为，无论是QQ号还是微信号，账号都有一定的人数限制。假如微信账号里的好友上限是5000人，达到上线就需要申请新的账号重新添加好友。做营销最忌讳的就是来回切换账号，这样做不但麻烦，更重要的是很可能导致无法及时回复好友信息。而且利用QQ、微信对粉丝进行管理的难度也比较大，微信公众号的运营需要专业人员来经营，需要专业化团队来策划主题、活动、宣传等。这给想要做微商的个人增加不少难度。

解决办法是加强自身的学习能力，通过不断学习，让自己变得越来越专业，最好成为某领域里的专家，让粉丝看到你的成长。同时，要建立账号矩阵，综合运用多种平台展开对粉丝的维护。比如，既要有QQ也要有微博；在经营微信公众平台的同时，直播平台也搞得不错；在做线上运营时，也不忽略线下，线上线下齐头并进。总之，将好友分流比集中管理效果要好得多。

3.4.2 关系维护型运营

关系维护型运营要求以"情感"为纽带，强化与粉丝的关系，以高黏性带动销售。这种模式的重点在于为粉丝提供良好的服务，不过分追求数量，而是强调质量，要求所有粉丝对企业、对产品绝对忠诚。

一般来讲，当粉丝达到一定数量后必须与他们建立某种关系，强化这种关系。建立关系的最好方式有以下两种。

一是提供优质的服务，通过服务建立关系。以量取胜是微商的初级阶段，发展到后期就必须以质代量，把精力放在粉丝经营与关系维护上，培养粉丝忠诚度，筛选优质客户，保持与客户的良性循环，提高复购率。

二是经常互动与沟通，与他们聊生活，聊爱好，建立基本的信任。关系打通后，再有针对性地充当他们生活里的专家。比如，卖服装的，可以讲些穿衣打扮的知识；卖化妆品的，可以讲些化妆的小技巧；卖婴幼儿用品的，可谈论孩子的养育知识……总之，有了互动与沟通，客户才可能更信任你，进而购买你的产品。

关系维护型运营主要是通过维护关系来促进营销，优点是能保证客户的稳定，且随着优质客户的积累和沉淀，可保证复购率，形成一个良性循环。因为消费者的购买行为无形中就会形成统一习惯，对企业长期发展有较大的帮助。

不过，值得注意的是这种运营体系不适合起步基础差的微商，因为这种模式需要先付出大量时间来维护客户，提升关系质量，周期长，成本高。而很多企业刚起步最紧要的目的是尽快变现，再加上客户资源少，难以形成稳定的客户群。

3.4.3 代理型运营

代理型运营不要求自己与客户有过多的接触，而是将重点都放在代理渠道建设上，相当于传统营销中的批发商。

这种运营的优势是只对代理商负责，在管理上只需要管理代理商则可，这比直接发展客户要轻松得多。一旦代理渠道构建完善，代理商体系形成可以说就非常轻松了。由于代理商帮助发展，品牌建立快，营业额高。

这种运营最大的难处在于需要一定的货源支持，产品在品牌知名度和价格上有优势，这样才能保证手下的代理商有代理的动力，这对于个人微商而言明显不适合。较之前两种模式需要更专业的管理，因为你是上家，是批发商，必须有专业的素养和知识来控制代理商可能存在的变数。

比如，如何严格控制产品价格，如何平衡代理商与代理商之间的竞争，如何处理库存等问题。处理不好这些问题就会出现混乱的局面，代理商也不一定忠诚于你，只销售某一种产品，当他们有了自己的圈子和销售成绩，很可能去代理别的品牌。除此之外，最大的难题还来自产品品质问题。一旦产品出现质量问题，就会造成大面积的滞销或退货，这可能让所有的精力和付出毁于一旦。

因此，做这类具有批发商性质的微商，一方面，要对产品的质量严格把控，避免质量问题发生。另一方面，在代理商的管理问题上，最好创建一个群，将这些代理商组合到一起，让他们参与到活动策划、产品宣传的工作中来。当某一位代理商在实战中出现问题，也能共同想办法，同时避免同类问题发生。当整个代理团队的成员都有了团队意识，你就可以放手寻找新的代理了。

3.4.4 品牌资源型运营

品牌资源型运营主要是打"品牌"牌，以品牌优势作为竞争核心，形成与其他竞品的差异化来取得竞争主动权。在微商的发展历程中，微品牌不断涌现，尤其是美妆类的品牌更是做得非常成功。一些成熟的品牌进入微商后，似乎一夜之间遍布朋友圈、QQ空间。一个单品面膜，在没有任何基础和传统渠道的支持下，仅仅靠微商的分享、裂变迅速将销售额做到了上亿元。

这种模式在未来会让更多的微商效仿，打造出更多小众口味品牌，这些品牌联系着有共同价值观的人群。

这类运营体系有两个优点。一个是将产品打造成品牌，大大增强了竞争力。产品与品牌是完全不同的，你是经营一个产品还是一个品牌，效果完全不同。同一产品，消费者会因品牌区别而选择买与不买，在产品同质化的大趋势下，有了品牌境遇则完全不同，较之普通产品，独立的品牌非常有利于长期发展。

另一个是便于传播。移动互联网的特点是去中心化，用户们选择产品容易受到身边人的影响，加上微信是做朋友生意，只要朋友一句话，就会形成裂变、自传播、即时传播，让一个品牌的创建形成成本和宣传时间成本大大降低。

这类运营体系的缺点在于门槛高，对于个人微商而言无疑是难上加难；对于企业而言，在不了解的情况下也不敢贸然介入。想要打造出一个成功的微商品牌，必须建立专业的团队，要吸引无论在产品定位、价格定制、宣传模式上都了解互联网的人才加入。

3.4.5 O2O型运营

O2O，很多人都非常熟悉，就是线上线下的意思，这种微商模式打通了线上线下的隔阂。我们知道，最初的微商基本都在线上进行，而随着大企业、大品牌的进入，大平台、大物流的构建，那些在"莽荒时代"摸爬滚打走过来的微商，经过不断进化和完善，发展成为优质微商，基本完成了"乱世"时的原始积累，"落地微商时代"已基本形成。

例如，现在已经细分出某单品的线下对接会，一个某袜业的微商大会，将省、市、县的线上线下无缝对接，将消费者与总部直接的沟通壁垒全部打通，并且更"可怕"的是，系列化、系统化的后端产品线的开发与运营，更是将一家纯粹的"卖产品"企业打造成一个"综合性的服务性"企业。

这样就像卖家和买家的一个对接会，起初双方可能是在线上认识的，经过初步沟通后有了合作意向；双方到线下洽谈，谈合作项目，看投资环境，看产品，双方满意地签订协议，达成正式合作；然后双方再回到线上进行产品供销，这就是典型的O2O微商。

对于有实业的微商而言，O2O型运营是一种不错的模式，不仅为产品销售找到另一条出路，还帮助产品做了宣传。由于商家有自己的实体店，在招代理时比只做电商更有竞争力，实体店也让客户和代理商觉得更踏实。

第4章

品牌打造与推广技巧

　　微商与微商之间为什么有很大的差别？原因就在于是否拥有一个强大的品牌。品牌是一个企业最核心的资源之一，也是提升知名度和美誉度的主要途径。同时，有了强大的品牌，也可使产品赢得消费者信赖，使消费者在有需求时第一时间想到你。

4.1

微商要打造的3个品牌

微商绝不是单纯地卖产品，而是要建立与产品相匹配的品牌，打造强大的品牌影响力。用品牌带动持续销售，培养用户习惯。没有品牌那只是小卖部，有了品牌那就是旗舰店，所以做真正有影响力的微商必须打造品牌。

4.1.1 产品品牌化

一款产品能否第一时间打动用户，UI（User Interface，用户界面）起到了决定性的作用。UI囊括了产品设计、logo设计等。微商产品，同样需要创造出让人眼前一亮的视觉设计感，让用户即便通过图片，也能立刻感受到这款产品的魅力所在。只有这样的产品，品牌形象才能树立起来。

4.1.1.1 产品视觉设计要点

产品是微商的生命线，既要保证质量，又要能带给客户一种强有力的视觉冲击。只要抓住了客户的视觉注意力，提升他们的好奇心，销售便成功了一半。那么，什么样的设计才会给客户带来良好的视觉感受呢？

微商产品视觉设计的要点如图4-1所示。

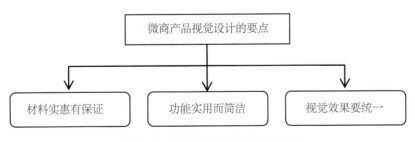

▲ 图4-1　微商产品视觉设计的要点

（1）材料实惠有保证

材料首先保证了产品的质量，同时，如果配以成熟的加工工艺、成型技术、好的视觉创意等，也能体现产品的视觉特点。因此，很多时候，一款产品能否达到夺人眼球的效果，材料起到了重要的作用。

例如，春夏女装材料要轻盈、透气，给客户以清爽的感觉；而对3C数码产品，性价比低的产品要在塑料工艺上下工夫，高端产品在金属材料上多做研究，让产品呈现出应有的光泽、质感，立刻让客户感到品牌的用心。

（2）功能实用而简洁

好的产品功能一定是实用的，全而不杂，所有功能尽可能一目了然。就像智能手机摒弃了传统的烦琐按键模式，而使用触屏模式，让使用者立刻能感受到这是一款很容易使用的产品。所以，智能手机才会形成全民化的特点，无论孩子还是老人都可以轻松学会和使用。

某些品牌在设计时，设计师总是会添加很多累赘的元素，例如，曾有一款面膜被包裹在两层包装袋里，而第二层包装袋由于设计得太过花哨，客户很难找到撕口的位置，大大影响了使用时的便捷度。因此，在设计上要摒弃累赘的、无实用价值的设计，尽可能满足用户便捷拆卸的需求。

（3）视觉效果要统一

很多品牌在设计产品时每一个细节都很好，但组合到一起时却不尽如人意。之所以出现这样的问题，就在于设计师忽视了视觉效果的统一。如某个微商团队推出了一款针对老人的智能收音机，正面为黑白二色，视觉冲击力很强，但背面却是非常杂乱的彩色色块，导致正反两面风格完全不同，很多客户表示不喜欢。

因此，产品视觉效果的统一非常重要，颜色、风格要尽量一致；构图要均衡、稳定；各要素排列要得当，整体上给人以浑然一体的感觉，不会让人感到某个地方很突兀。

另外，品牌名称、logo设计及其推广平台的昵称要做到统一。例如，微信、微博、QQ等的店铺名，要保持一致；昵称要简单好记，个性鲜明则更好，最好不要加英文或图标；不要刻意在昵称前加A，以免商业气息太浓，大大降低给人的印象。

4.1.1.2 产品包装

如果说质量和品质体现的是产品"内在"的话，那么产品包装就是产品的"外在"。产品包装就像产品的"外衣"，可展现产品的外在美。因此，微商对产品包装千万不可忽视。在设计时要运用一定的美学原理，符合大多数人的审美，具体标准如图4-2所示。

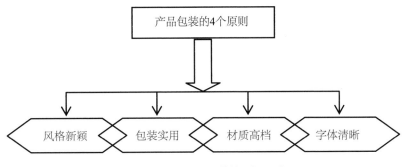

▲ **图4-2 产品包装的4个原则**

（1）风格新颖

对于包装的设计风格，需要从品牌文化的特质入手。倘若产品多为潮流时尚用品，那么包装设计应当凸显年轻化特点，线条、悬浮色块是非常好的设计思路；而针对成熟男性的产品，包装则应当注重大方、简洁，文字、色彩不要太多、太复杂，但又能勾勒出男性阳刚之美。

（2）包装实用

很多包装尽管非常新颖、独特，但推出市场后反响却不好，主要是因为过于花哨的设计反而影响了实用性，比如，有的包装虽精致小巧但却往往因空间小而存取较为麻烦。所以，在外包装的设计上，除了新颖、独特，追求美感外，还要实用、容易装卸、易保存、不易破损。

（3）材质高档

产品的包装用纸不要太低劣，否则会影响产品品质。目前，产品包装用纸最常用的是卡纸，当然，铜版纸、涂布纸、布纹纸、胶版纸、硫酸纸等也不错，也都是较为常见的材质。具体使用什么材质，需要根据产品定位来确定。

（4）字体清晰

包装盒上必然会有品牌名称、广告语、商家联系方式等信息，字数虽然不是很多，样式和排版也很简单，但同样不可忽视。

对于外包装的字体和排版，应当遵循这样的原则：字数不可过多，字体要统一，易识别，不宜超过3种；整体要突出主题信息，即企业名称、logo、一句话广告标签。

4.1.1.3 产品文案

产品文案是展现产品品牌力的主要因素，文案不但可宣传推广产品，而且它时刻向消费者展示一种潜在品牌力量。因此，文案也是一种标识，是一个品牌区别于另一个品牌，一个产品区别于另一个产品的主要标志。可以说，一个品牌想要打开市场，尤其当客户还没有体验过我们的产品时，文案起着决定性作用。

例如，能量型食品士力架之所以突然走俏，就是依赖其"神"文案，尽管只有简单的几个字，但配合精彩有趣的画面，其生动饱满的形象立刻展现出来。

因此，作为微商，打造产品品牌时不可忽视文案的作用，无论什么产品，在哪个渠道投放都不能缺少文案。想要迅速点燃朋友圈，必须创造出精彩的文案，文案的构思、撰写方法和技巧等具体内容将在第8章具体阐述。

4.1.2 服务品牌化

谈及服务品牌化，大多数人立刻会想到这两个字：专业。品牌化的服务必须是专业的，京东、顺丰等企业之所以受到大多数用户的青睐，就是因为它们的服务足够专业。专业的服务是形成品牌力的一部分，有助于创造出品牌文化，而品牌文化则会潜移默化地影响消费者并被消费者接受和认同。

所以，服务品牌化，代表着厚重，代表着气质，代表着实力。倘若服务跟不上，所谓的品牌建设无异于空中楼阁。以前，微商服务是最被人诟病的，不少人只顾卖产品，而忽略了相关服务的配套。一旦产品出现问题，便推卸责任，实在不行再让厂家出面解决，事实上厂家也无法完全解决问题，最终又把责任推给了代理商。所有人都在"踢皮球"，导致客户大失所望，严重影响到了微商声誉。

那么，如何完善服务品牌化呢？一般来讲需要建立两个体系：一个是全程服务；另一个是全员服务。

4.1.2.1 全程服务

随着消费理念、消费意识的转变，大多数人不仅仅满足于产品的质量和品质，更看重配套的服务。服务应该贯穿整个产品销售全过程：售前、售中、售后。因此，全程服务即是指售前服务、售中服务和售后服务。

（1）售前服务

对于售前服务，微商品牌多数都由代理商进行，这一点本身无可厚非。但是为了提升品质，品牌方必须对代理商进行培训，或是线下培训，或是线上培训，只有经过了考核，才能发放代理商认证书，否则取消代理资格。

（2）售中服务

对于较为复杂、需要操作的产品，如手机、其他智能产品等，应当建立技术支持热线，通过电话或微信公众号，在前期记录用户在使用中发生的种种问题，以便及时处理客户的咨询。

（3）售后服务

售后可以借助微博、微信公众号的模式，及时解决用户的诉求。这就要求售后工作人员必须养成随时关注账号的习惯，及时发现客户的问题并做出解答。如果自己没有能力快速解决，那么在向客户解释后应迅速上报相关小组，并及时给予答复。

4.1.2.2 全员服务

全员服务即人人服务，整个团队每个人都要有服务意识，充当起主动服务客户的角色。最具有代表性的就是小米公司的"全员皆客服"。充分利用社会化媒体的优势，提高用户参与产品制作、改进的程度，真正迎合用户的内心需求，解决用户使用产品过程中遇到的问题。

上文介绍的小米"全员皆客服"的机制，即人人是客服，人人可参与客服，每个部门、每个人都有为用户提供服务的义务。例如，有用户在微博上反馈了小米路由器信号弱的问题，最后解决这个问题的可能不是服务人员、技术人员，而是产品经理。产品经理主要负责的是销售工作，怎么还去管产品的售后问题？在其他公司这是不行的，在小米则行得通。

"全员皆客服"不仅体现在公司内部，还包括外部用户。一个用户可以为另一个用户解决问题，而且相互之间你情我愿，倾情相助。这是因为大家同在小米这个平台上，有了一种荣辱与共之感，愿意去参与，去奉献。

"全员皆客服"，其实就是在提升参与感，激励员工、用户积极去参与公司的管理，这样一种氛围也使得问题解决起来更迅速、有效，更容易获得用户信任。

品牌化最重要的体现就是服务，没有任何一个品牌，没有任何服务体系是直接销售产品，因此，建立完善的微商客服体系，成为所有微商品牌化过程中亟须解决的问题。服务，关系着品牌的口碑。做好了服务，客户就能感受到品牌的魅力，即便不完美也会理解。

4.1.3 团队品牌化

长期以来，微商还处于追求物质层面的阶段，即唯业绩论，这也是传统商业看不上微商的原因，认为微商缺乏正规企业的运作模式；电商不理解微商，认为微商不是互联网商业模式的正道，也是基于这一原因。

微商要想崛起，必须用团队品牌消除这种偏见和误解，团队品牌包括团队文化、精神、价值观等。很多微商创业者需要认识到，只有背后有充分的文化与精神支撑，企业才能长青，产品才有知名度和美誉度。

文化、精神、价值观等，是团队的内在体现。良好的团队内在能够让整个团队成员在轻松愉快的环境下工作，创造性和潜力会得到最大限度的激发。相反，如果缺乏这种内在，团队就形同虚设，经不起风吹雨打。前者给外界的感受是美好的、充满活力的，而后者则会呈现出负面特征，如空喊口号，甚至整个团队都有可能随时终结。因此，打造团队文化、精神、价值观等，是团队品牌化的重要环节。

某些商家利用培训来营造团队文化、精神、价值观等，这对微商来说具有相当借鉴性。微商只有先准确定位自己的品牌内涵，再通过内训传递给员工，形成良好的传统，才能从中得到反哺品牌的能量。为此，微商创业者在培养团队文化、精神、价值观等时，首先需要做好如图4-3所示的4个方面。

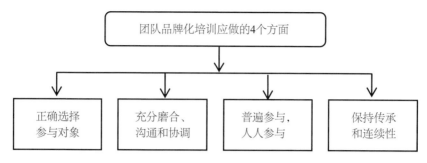

▲ 图4-3　团队品牌化培训应做的4个方面

（1）正确选择参与对象

不要总让各级代理自行培训，相反，要将所有代理员工都看作商家的统一团队员工。在每次培训之前，要先考虑选择培训哪些人员，然后将不适合本次培训的人排除出去，以免无法通过统一培训的手段有针对性地打造团队整体文化。

例如，可以专门培训新员工，也可以专门培训老员工，还可以按照从事微商工作年限、级别高低、收入多少、客户多少、地域分类等原则进行区分。

（2）充分磨合、沟通和协调

正确分类和选择培训对象之后，并不意味着团队文化能够轻而易举地形成。在培训前，培训师需要和他们进行磨合，在磨合期内可以和每个人交谈，观察其中哪些人的理念、思想、观点和行为方式有可能与品牌内涵、团队文化相互碰撞和冲突，并记录整理，将其体现在培训内容中。

在培训中，要随时注意分享、互动和讨论暴露的思想和精神问题，并利用培训师的讲解尽量解决。如果无法完全解决，就应该准确记录，以便在培训后进行引导。

（3）普遍参与，人人参与

优秀的微商团队文化，必然是由所有人共同打造的，而不是创始者个人或培训师自己在办公室随便编出来的，或者从其他企业文化中照抄过来的。只有在一次次培训过程中，在已有文化的熏陶和渲染之下，结合微商品牌的定位才能逐渐形成优秀的团队文化。

在很多线下培训讨论时，员工会积极讨论、热情发言，纷纷表达自己的看法。还有不少培训选择先喊团队口号，唱微商之歌、团队之歌等。这种近似于仪式所带来的参与感，成就了团队内普遍参与的文化，让每个成员发自肺腑地对学习内容自觉履行、遵守和维护，成为团队中每个人的潜意识。

（4）保持传承和连续性

品牌生命力追求长久，因此形成优秀的团队文化也需要固化和传承。培训不能因为更换某些领导就被荒废或改变，也不能因为培训师的不同就不同。可以利用书面的团队文化手册、培训手册、视频和录音等将团队文化固定下来，并在准备培训材料时加以利用，让团队文化不断深入新加入的员工心中。

此外，为了让团队成员（尤其是新人）能够准确理解品牌内涵，在编写团队文化培训手册时还应该尽量将文化中的每一条款、每一部分都用真实发生过的案例来诠释，确保培训中的讲解不至于枯燥、乏味和抽象化。

文化是微商品牌的灵魂，只有具备这样的灵魂，员工才能在品牌中找到自己的地位和价值，并为品牌创造新的辉煌。

4.2

个人魅力品牌化和社群标识

企业领导人的人格魅力也是品牌化的一部分，社群是人与人的连接，社交营销即以人为基础。微商新手完全可以基于社群和商业的共同点，利用社交思维和手段，打破与客户的壁垒，强化自己的个人魅力，打造自己的品牌形象。

4.2.1 培养在粉丝心中的好感度

在品牌打造上，除了着眼于产品、服务和团队外，还需要在个人形象上下工夫，以便在粉丝心中留下较好的印象，培养粉丝对企业、产品以及创业者本人的进一步好感和信任。众所周知，微商主要是通过各大社交平台与粉丝进行互动，进行产品宣传和推广。这时，就涉及你将以什么形象出现，这将决定着你在粉丝心目中的形象。

那么，怎样在社交平台上打造自己良好的形象呢？具体可从图4-4中的5个方面入手。

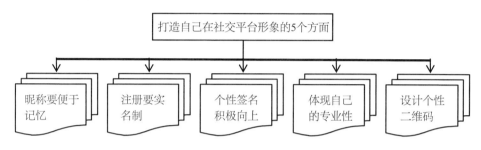

▲ **图4-4 打造自己在社交平台形象的5个方面**

（1）昵称要便于记忆

认识一个人往往是先从知道他的姓名开始的，微商在各大平台上的昵称跟我们的姓名一样，是被粉丝记住的第一要素。原则上，昵称要尽量本着简单、易记忆、易识别、读起来朗朗上口的原则，当然也可以直接用自己的企业或品牌名，这样会显得更真实，更亲切，更容易记忆。

有些微商为追求新鲜，昵称爱用英文、图案以及不易识别的符号，看上去很炫，但实际上一点意义也没有。所以，昵称也要尽量贴近大众的判断和逻辑，给人心理上的舒服感。

另外，如果在多平台同时注册，例如，微信、微博、QQ等，建议昵称最好一致，避免变来变去。昵称相当于店名或品牌名，头像相当于logo，没有特殊原因不要经常更换。

（2）注册要实名制

实名制注册既是各大平台的要求，也是粉丝进一步了解企业和你的主要途径。因此，在填写个人资料时，例如，姓名、地址、联系方式、企业介绍一定要真实。做微商首先要给人真实的感觉，因为微商本身就会给大家不安全的感觉，填写的信息若有虚假的成分，试问谁还敢从你这儿买东西？

此外，在填写个人信息时尽量详细，只要是有利于粉丝进一步了解你的内容不妨多展示些。

（3）个性签名积极向上

个性签名也是粉丝了解你的小窗口，个性签名可以经常换着写，这些信息联系起来将会成为一个比较完整的信息输出口，便于粉丝全面认识你，了解你。所以，建议多写个人签名，且要写正能量的、积极向上的内容。

（4）体现自己的专业性

做什么一定要立志成为该行业的专家，能让对方觉得你是行业内的权威人士。换个角度想，我们自己喜欢和什么样的人打交道？一定是比较专业的人，因为我们想从对方那里得到更多的专业信息。能给自己带来帮助，是别人选择你的决定因素。所以，你在平台上一定要体现自身的专业性。比如，一个做护肤品的微商，不能只是卖护肤品，而是要能给买家提供专业的护肤建议。

（5）设计个性二维码

随着互联网科技的迅猛发展，二维码也在我们的生活中被广泛地使用。二维码的出现让我们的生活更方便、快捷、高效。现在，二维码也不是刚开始单一的版式，我们可以根据自己的喜好进行二维码的个性设置，设置自己的个性二维码名片。要给自己设计一个个性二维码，让人看到就想扫一扫。

4.2.2 建立与粉丝之间的信任

在现实生活中，无论做什么工作，都需要诚信，只有讲诚信，才能获得他人的真心，他人也才能真诚对你。马云曾说，这是一个缺乏信任的时代，淘宝之所以成功，是因为建立了自己的信任体系，获得绝大部分商家和消费者的信任。

那么，作为微商，如何建立在客户心中的信任感呢？下面从4个方面加以阐述。如图4-5所示。

▲ 图4-5　微商取得客户信任应做好的4个方面

（1）可信度

可信度简而言之就是讲诚信，即你能不能给人以足够的信任感。可信度高的人在见面之初就能释放一种"可以被信任""非常可靠"的感觉，当然这种信任感的释放也是有技巧的。比如，你与朋友一起聚餐，有的朋友了解你，有的朋友不太了解你，当不太了解你的人问到你人品怎么样时，如果自己说好，有点自卖自夸的嫌疑，但如果由熟悉你的朋友出来帮你解释：他在大学怎么好了，怎么讲义气，怎么有号召力，对方立刻会对你产生好感。

其实同样一件事情，自己说出来和通过第三方说出来效果是不同的，在可信度上差别很大。这就是我们平时说的，要想让一个人知道你是好人，就让别人告诉他。帮你说话的人可信度越高，你获得的可信度就越高。这就是为什么很多做业务的朋友，通过客户介绍过来的客户成交率高的原因。

（2）可靠度

可靠度就是你这个人是不是靠谱，包括说话办事是不是令人放心。比如说，你借给朋友钱，朋友本来说明天下午还，可是第二天下午却没有还，这样可靠度就开始下降。这也就是在约朋友见面的时候，我们要守时的原因，一旦迟到，就会给别人传递出一种不靠谱的信息。

（3）亲密度

亲密度就是你与一个人发生关系的数量和质量。中国有句老话："走亲戚，走亲戚，不走不亲戚。"道理很简单，一个人与另一个人只有有来往，才能产生某种关系，建立亲密性。亲密度越高，越容易从最初的弱关系向强关系转变，最后建立信任。

（4）自我意识导向

自我意识，即自己对自己的认识，包括生理状况（如身高、体重、体态等）、心理特征（如兴趣、能力、气质、性格等）以及自己与他人的关系（如自己与周围人相处的关系，自己在集体中的位置与作用等）。自我意识导向，简单地说，即你是不是总在按照自己的内心认知去说话，办事情，是不是总是以自我为中心。如果你是这样的人，就很难在粉丝中建立起信任，因为自我就是自私，自私很容易让人生厌。

一个人自我意识导向越强烈，在朋友中建立的信任程度就越差。在互联网上，如果你建立一个自己的品牌，所做的每件事都是为这个品牌服务的，如果只是凭着自己的心情更新内容，很容易破坏原来传递给粉丝的那种感觉，他们会产生不安全感，这会直接影响原本建立的可信度、可靠度、亲密度。

上面阐述的4点，无论是在虚拟的网络中，还是在现实中都是一样的，只有做一个讲诚信的、令人信赖的、亲和力强的人，用真心去帮助别人，才能和别人建立信任。

4.2.3 建立并管理社群

社群是粉丝关系在社交媒体上最稳固的关系。在社群经济越来越重要的今天，微商必须通过构建社群加强对粉丝的管理，并在社群中多互动，注入情感和温度。

社群是一个天然的客户关系管理系统，通过群可以对用户进行高效的管理，这是社群营销的最大特点。具体体现在用户可以对微商的决策、营销方案、品牌、产品等信息传播进行集中讨论，并迅速做出反馈。如一个广告投放出去，采用传统营销渠道是很难看到用户反馈的，或者仅有的反馈也是单向的或者不即时的，造成的后果是即使你发布了广告或者信息，也难以达到预期效果。有了社群后，你可以将用户放在社群里集中管理，并通过群打造更好的互动场景，使用户有充分的交流机会，从而为决策优化、解决问题奠定基础。

（1）社群类型

1）根据社群的用途划分

依此划分，社群主要有两种类型：一种是产品型社群，另一种是兴趣型社群，如图4-6所示。

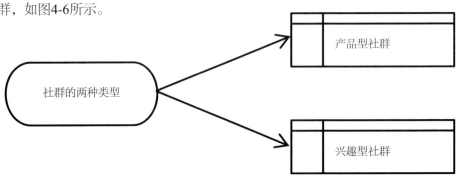

▲ **图4-6　社群的两种类型**

产品型社群源于用户对产品的喜爱和发烧友积极地参与产品的相关话题的讨论和传播，组织形式有线上和线下，商业变现能力比较强。

兴趣型社群更为常见，往往是以共同的兴趣爱好为基础来构建的，例如铁血论坛、旅游吧等，跨越地域的兴趣型社群黏度比较弱，商业化的能力也比较弱。

2）根据社群成员之间的关系分

依此划分，可以分为高层社群、中层社群、基层社群。

① 高层社群。高层社群是在现实生活中有一定权力、资源、影响力的人群。这些人群比较注重面子与生活品质。所以在销售时一定要根据产品的品位、品质等方面来讲述，以得到他们的认可。

② 中层社群。中层社群在现实生活中并没有绝对的话语权，但他们有自己的生活圈子和影响力。他们一般学历较高，对新鲜事物也有一定的了解，有自己的见地。他们在选择产品时一般也会发表自己的看法，注重产品的性价比。这些见地在群内能够影响更多的成员。所以一款好产品，他们能够主动帮助宣传。推出性价比高，能满足他们话语权的产品就能让产品销售得非常好。

③ 基层社群。基层社群中的成员是现实生活中最常见的人群。他们没有话语权，收入较低，没有很强的专业知识。在群内一般属于被动围观人群。他们不主动参与活动，甚至对推荐产品的成员心存芥蒂。但他们特别容易受到高层、中层两类人群的影响，从而盲目跟从。

因此，在组建社群时，需要根据不同的人群来设定不同的品牌标识。也就是说，同一产品基础构建的社群，由于群员特征各异，学识、理解力、购买力的不同，需要对社群进行层次的划分，分别构建高层社群、中层社群、基层社群。

（2）构建社群常用的平台

构建社群常用的平台有很多，最常用有微博、微信、QQ、移动App、贴吧、直播平台以及其他自媒体等，如图4-7所示。

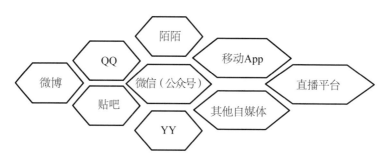

▲ 图4-7　构建社群常用的平台

　　当然，具体该用哪个平台需要根据平台特征，以及自身实际情况而定，在这里不一一赘述，接下来重点阐述如何对社群进行有效管理。

（3）如何对社群进行管理

　　创建一个社群很容易，难的是对其进行管理，如果不善于管理，即使社群创建得再多，也会最终沦为"僵尸群"，留不住粉丝。

　　在对社群进行管理时可从以下6个方面入手，如图4-8所示。

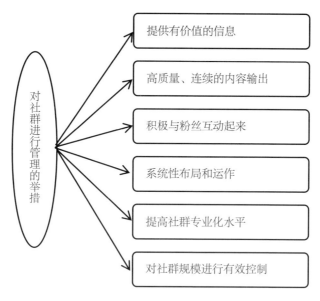

▲ 图4-8　对社群进行管理的举措

　　1）提供有价值的信息

　　社群对目标群体越有价值，对其的掌控力也就越强，一个人人喜欢的，并能持续吸引大众光顾的社群，其前提肯定是可以提供对方感兴趣的、有价值的信息。同样，微商做移动社群也是这样，需要给目标客户提供一些有价值的信息。有些微商喜欢在社群上发布一些优惠券、赠品等信息，作为宣传与吸引客户的手段，这些信息的确有用，但我们不可能每天都发这些信息，否则最终留下的都将是只为了来领取奖品，甚至是专业领奖户。久而久之，这对品牌形象的树立、宣传，以及销量的提升都没什么实际促进作用。

为此，微商要改变对价值的认识，有价值的信息并非只有物质层面的，也有其他层面的。可以提供一些相关信息，如目标客户感兴趣的资讯、新闻；也可以以自己的社群为媒介链接其他平台，如俱乐部、同城会等，扩大社交圈；抑或是将线上与线下打通，让社群有更多的功能与线下作用，构建出一个拥有高忠诚度与活跃度的O2O平台。

社群本质上是一种价值的相互交换，这个过程中各取所需，互利双赢，只有这样的模式才能长久。

2）高质量、连续的内容输出

社群需要有连续性的内容输出，定时、定量、定向发布内容，才能吸引目标用户，同时也便于目标用户养成浏览习惯，当其登录时总能够看到最新的动态，有所收获，才会继续关注，这才是最成功的表现。如果很难做到天天更新，至少要做到经常出现在他们面前，久而久之便可成为用户的一个习惯。

定时、定量地发布可以在一段时间内占据关注者的社群首页，至少不会被快速淹没。但是一定要保证社群质量，在质量和数量的选择上一定要质量为先。因为，大量低质量的文章会让浏览者失望。一个缺乏有价值信息，多是垃圾内容的社群，不仅达不到传播目的，还很可能被不胜其烦的粉丝删除掉，或压根就不会有人关注。

3）积极与粉丝互动起来

移动社群的特点是"关系""互动"，有感情，有思考，有回应，有自己的特点与个性，切忌做成官方发布消息的窗口那种冷冰冰的模式。当用户觉得你的社群类似官方网站，那就是不成功的。社群从功能层面上就要做到差异化，在感性层面也要塑造出个性。这样的社群具有很高的黏性，可以持续积累粉丝与关注，因为这样的社群就有了不可替代性与独特的魅力。

社群的魅力在于互动，拥有一群不说话的粉丝是很危险的，因为他们慢慢会变成不看你内容的粉丝，最后更可能离开。因此，互动性是使社群持续发展的关键。第一个应该注意的问题就是，微商宣传信息不能超过社群信息的10%，最佳比例是3%～5%，更多的信息应该融入粉丝感兴趣的内容之中。

"活动+奖品+关注+评论+转发"是目前社群互动的主要方式，但实质上，更多的人是在关注奖品，对微商的实际宣传内容并不关心。相较于赠送奖品来说，社群经营者如果能够认真回复留言，用心感受粉丝的思想，则更能唤起粉丝的情感认同。这就像是朋友之间的交流一样，时间久了会产生一种微妙的情感连接，而非利益连接，这种联系持久而坚固。当然，适时结合一些利益作为回馈，粉丝会更加忠诚。

4）系统性布局和运作

任何一个营销活动想要取得成功，都不能脱离系统性。单纯将营销活动当作一个点子来运作很难。社群营销之所以对大多微商来说效果有限，就是因为很多微商认为社群可有可无，或者只是当作暂时的网络营销去做。其实，社群作为一种全新形态的社群平台其潜力十分巨大，关键是需要运营者去系统性布局和运作。

5）提高社群专业化水平

社群专业化运营非常重要，只有专业才可能超越对手，持续吸引关注目光，专业是一个微商社群重要的竞争力指标。

社群不是微商的装饰品，做不到专业，只会陷于平庸。很多微商都对博客和社群不屑一顾。虽然现在很多大微商已经意识到社群营销的重要性，也设置了专人进行企业网站、博客与社群的更新维护。但是，更多的微商还没有这种意识。因此，对于规模较大的微商应该设置专人负责网络营销，或由企划部文案、策划人员负责，有内刊的微商则由内刊编辑负责。如果规模较小或没有这方面经营能力的微商可以委托专业公司代理。

6）对社群规模进行有效控制

社群的传播规模和传播速度都是非常惊人的，当两者相结合后，便会创造出惊人的力量。但这种力量可能是正面的，也可能是负面的，且社群作为微商的一个"零距离"接触用户的平台，负面的信息与不良的用户体验很容易迅速传播开，给企业带来不利的影响。因此，必须对社群这把"双刃剑"进行管控。

要想有效掌控社群，需要注意很多问题，因为一篇社群文章看起来只有短短的百十个字，但实际撰写难度与重要性却非常高，需谨慎推敲所要发布的文章，以免因不慎出现负面问题。一旦出现负面问题，要及时跟进处理，控制局势，而非放任自流，更可怕的是到问题很严重的时候还全然不知。社群开展活动要善始善终，积极引导。

因为网络参与的自由度非常高，任由网民的主观意愿，往往会导致事态向难以掌控的方向发展。对于互动对象的举动与信息反馈，也不可掉以轻心，必须积极而谨慎地对待，否则极可能产生"蝴蝶效应"。总之，社群是一把"双刃剑"，微商既然决定拿起这把剑，就要谨慎并用心去经营。

主动交流，引发粉丝的兴趣

与粉丝交流有两种方式：一种是微商主动去跟粉丝交流，另一种是粉丝来找微商，即被动交流。被动交流中，对方往往已经通过其他途径对微商有了一定的了解，因此这种交流可更简单直接一些。这里主要说说主动与粉丝交流的情况。

那么，与粉丝主动交流有哪些技巧呢？总体上包括3个方面，如图4-9所示。

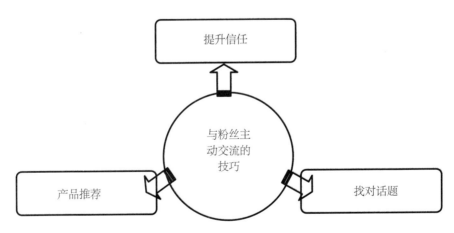

▲ **图4-9　与粉丝主动交流的技巧**

（1）找对话题

主动与粉丝交流，说话时一定要引起对方注意，激发对方的兴趣，这样对方才会积极地回应你。话不投机半句多，如果不知道对方需要什么，所讲的话对方根本不感兴趣，那这场交流就很难进行下去。

例如，添加一个陌生人为好友前，要尽可能地多了解对方，例如他的身份、职业、兴趣爱好，以便准备开场白；添加好友后，多翻翻他的朋友圈，看看其最近的动态，然后根据这些点来继续深化话题。

（2）提升信任

与对方有了初步交流后，接下来就是获取对方的信任。我们都知道给别人发的朋友圈点赞和评论可以获得信任，但提升信任的方式其实远不止于此，一点点的交流也可以获得信任。获取信任一般体现为两方面，一个是情感信任，一个是专业度信任。

1）情感信任

情感信任就像很多推销书上所说的，要谈对方感兴趣的话题，用心去帮助对方，多一些交流等。其实销售不是比谁先卖掉产品了，而是比谁跟粉丝交流的时间长。情感的信任可以通过聊一些与产品无关的东西，比如对方的孩子、工作、遇到的难题、身边发生的趣事等这些来获得。这能够让粉丝从感性上认可你，对你产生信赖的感觉。

2）专业度信任

专业度信任比较好理解，即你要让粉丝觉得你所卖的产品是有保证的，能够给他很专业的指导。比如护肤问题，鼻子上的黑头是如何产生的，平时生活要注意哪些因素，解决这些问题，哪些产品不能使用，哪些产品又要多注意特别事项等。通过这些，客户会从心里佩服你，同时自然会选择你的产品。

（3）产品推荐

产品推荐重在推荐，而不是滥发产品广告，因为滥发产品广告造成粉丝流失的风险极高。其实，在朋友圈频繁发产品广告是微商的一大忌讳。可能有人会问，不发产品广告粉丝怎么知道我们在卖什么呢？这很简单，发广告时可通过文案植入的方式间接发，这比发产品硬广告要好很多。

举个例子，经常会在微信上买东西的用户，大多不会买那些整天刷朋友圈、晒产品的，在买的时候也不跟商家要产品说明书，而是会看他是不是一个活生生的人，看是不是值得交往的朋友。

因此，微商创业者在发朋友圈时也要展现活生生的自己，而不是单纯地发产品信息和图片。通过人格魅力带动产品宣传，会让客户看到一个不一样的你，从而主动关注你，关注多了也就了解了你的产品和服务。

很多微商一与客户聊天就急于发产品广告，心里只想着马上赚到钱，功利性很强。这时需要静下心来想一想，对方凭什么买单？只有关系积累到一定程度后才可以谈交易。社交经济时代，玩的是情感和参与感，卖产品前要先和对方成为朋友，让陌生人变成熟人。

4.2.5 努力让粉丝对你形成依赖

做微商，不但要让粉丝对你感兴趣，信任你，还要让其对你产生严重的依赖性，成为你忠诚的客户，这也是提高复购率的主要动力。那么如何让粉丝更加依赖你呢？这也是一个循序渐进的过程，需要你坚持不懈地付出。

（1）经常互动

一定要多与粉丝进行互动，例如，看到他们的动态要多评论，评论要特别，要引起他的注意，形成互动。一来一往时间长了慢慢就熟悉了，便能发展成为好朋友。常互动可以带动朋友圈的活跃度，很多微商朋友圈好比一潭死水，虽然有几百人或上千人，但是平时却没有互动，没有交流。

（2）解决客户问题

想让粉丝对你形成依赖，最重要的就是要帮助他们解决问题。现在，很多微商的产品同质化非常严重，功能类似，因此客户体验也差不多，这时候就凸显出解决问题的重要性，谁能解决他们在购买前，或使用过程中遇到的问题，谁就取得了主动权。总之，必须解决客户的后顾之忧，只有这样才能让客户对你产生依赖。

（3）使用催单技巧

很多微商常常遭到粉丝的拒绝，例如，"再考虑考虑""再想想""与家人再商量商量"等，其实这是客户犹豫心理的表现，正介于买与不买的矛盾中，如果马上跟进很有可能促使客户马上购买，反之，很有可能就会不了了之。就像踢足球，球已经到球门了，就差那么临门一脚。这里有几个催单的小技巧，效果比较好，即限时、限量活动，无效退款承诺。限时限量就是表明货是有限的，给粉丝"现在不买之后就很难买到了"的紧迫感。无效退款就是如果产品粉丝后悔买，承诺退款，总之不要让客户受到损失。这些技巧用上以后，就可以加大对粉丝的吸引力，促使粉丝放心购买。

（4）对未成交的客户持续跟进

对未成交的客户要持续跟进，加强联系。其实主要就是粉丝对于我们的信任度不太高，对于产品的效果也还是心存疑虑，还有一部分粉丝确实是因为资金比较有压力。不论是哪种情况，后续一定要跟他们持续地联系和沟通。销售里有句话说，联系7次，成交率能够超过40%。所以，后面的持续联系，是提升粉丝的信任及了解粉丝问题，帮助粉丝解决问题的非常好的方式。

通过以上几种方式，好好学习，多多实践，这样在与粉丝交流的时候，会让更多的粉丝信任你，并对你形成深深的依赖感。

第5章

粉丝的吸引与引流

如何拥有更多粉丝是大部分微商，尤其是新手最关心的问题。在粉丝经济时代，从某种程度上讲，粉丝量就等于订单量，两者几乎成正比，粉丝数量少，再好的产品也无法转化为经济效益。本章重点讲述如何扩大粉丝量，并成功引流。

5.1

获得首批种子用户群的5种方法

任何一款产品或服务只要精准地找到种子用户，再通过对其进行良好的关系维系，大多数微商可以取得良好的销售业绩。美团、小米等，无一例外都是在种子用户运营的基础上拉出了一条完美的用户增长曲线。

所谓种子用户，就是最先获得的那一批忠诚用户。这批用户往往是你和产品最忠诚的粉丝。更重要的是，他们还能带动后期粉丝的增长，因为他们不但自己忠诚于你的产品，还乐于、主动向亲朋好友及周围的人推荐，间接传播你的产品。

5.1.1 多交朋友，并善于聊天

任何一个微商都应该是善于交朋友的人，不会交朋友无形中就会流失很多准用户。换句话说，作为微商一定要有主动交朋友的意识，不分年龄、不分性别、不分职业，只要有一点可能，就要把他们纳为自己的朋友。当然，这些朋友能否最终转化为产品用户暂且不论，毕竟这样做的主要目的是为产品圈定准用户，奠定销售与推广的基础。

交了朋友之后，还要善于与对方聊天。由于大部分人是陌生人，你一定要与对方有所交流，让对方感到与你成为朋友的价值。但如何交流，则要注意一些技巧与方法，需要注意的是，千万不可马上聊产品。最佳的聊天方式是"裸聊"，这里的"裸聊"是直截了当、真诚的意思，随心所欲，放空自我，无拘无束，不带任何功利性，没有强行推销的目的。当然，如果对方直接问关于产品的问题时，也大可不必回避，坦然告知即可。

5.1.2 集中在某特定的圈子寻找

寻找种子用户要尽量集中在某个圈子中，例如，做金融的、卖保险的、卖

房租房的、年轻白领上班族、大学生等。由于圈中的人是特定的，只要找准一个往往可带动一大片，这样会让你更省时省力。比如，想寻找金融圈的人可锁定金融街，想寻找大学生就可以到大学城，想寻找年轻的白领上班族就可以到CBD商圈等群体比较集中的地方。

之所以要集中在某个特定的圈子，是因为便于二次推广。比如，一个年轻的上班族成了你的客户，而且对产品体验感非常好，那么他肯定会向自己周边的朋友、同事推荐，这些人由于具有高度相似性，接受起产品来也非常容易。

当然，利用这种方法寻找种子用户也是需要讲究技巧的，如果直接发名片，要微信号，被拒绝的概率很大。因此，要换一种思路，寻找进一步沟通和交流的机会。这样，就会有机会进行更深入的交流，将他们拉入到自己的准客户队伍中，或者与他们进行客户资源交换。一般来讲，这些人手里客户资源很多，况且你也需要为客户提供增值服务，他们往往乐于与你合作。所以，集中发展、挖掘特定圈子中的粉丝有事半功倍的效果。

5.1.3 与其他微友交换资源

这是一种非常快速的加人方法，也是一种成本较低的方法。目前各大论坛上都有很多微商点赞群，可进入群，与其他微友交换资源。这些人大多本身就是微商，或对微商比较认可，那么都有可能会成为你的潜在客户。

这类方法加人快，不过弊端也很明显，那就是质量低，真正转化为有效用户的概率低。因此，为尽可能地提高效率，可以组织活动，吸引到高质量的用户。比如，你是做面膜的，可以组织一个与面膜有关的小调查，参与者还可免费获得面膜。因为参与小调查是有门槛的，所以获得的客户质量相对较高，要么是直接用户，买了就是为了使用，要么是有代理实力的代理商，想进一步了解你的产品，至少是对面膜比较了解的人。这样，就可以保证交换来的资源的有效性，在领礼品的同时也能成为直接或间接消费者。

5.1.4 红包群加人法

在微信朋友圈发一条微信，表明："想要进红包群的可以加×××"。这时有很多人会选择进群，当然要避免盲目拉人，可选择微信里弱关系的人，平时不大联系或者是做其他产品的微商。待他们进入群里后，你再公告领红包的条件：比如"转发我的名片，并截图者可以领红包""只有群人数达到100人后才开始发红包"，这个时候已在群里的朋友还会承担起二次传播的角色，拉自己认识的人进群。

这样的方法，其优势在于获取粉丝速度快，而且多为对产品有所了解的人，弊端在于成本高，需要投入真金白银。

5.1.5 高薪招聘加人法

高薪招聘加人法，顾名思义就是利用高薪，吸引更多的人加入群中来的一种方式。这种方式在微商中非常普遍，例如，在微信朋友圈发布一则招聘启事，大概意思如下：由于最近我的微信营销生意越做越大，现诚心招聘3位助理，待遇月薪×××元起+每月业绩分红，在家工作即可，不限学历，热爱自由的工作状态，每天拿出8个小时即可。希望微信好友一定帮我转发，如果能帮我推荐合适的人定送价值产品酬谢。

内容大概就是这样，具体的可以自由发挥。不过一定要记住"希望对方转发和必有重谢"这类话语非常关键，一定要重点体现。另外，这种方法也适合招聘代理。

5.2

维护种子用户不流失的方法

获取种子用户是第一步，接下来就是维护好这批用户，并以此为基础，吸引更多粉丝。因此，为种子用户提供良好的服务，维护与其的关系十分重要。这里为大家介绍具体的维系方法，不一定每一种都要学会，但一定要找到适合自己的，并坚持下去。

5.2.1 营造信任感

当粉丝达到一定量级之后，关键的就是黏性。所谓的黏性就是建立信任，顺畅地交流、交心、交易。边交朋友边做生意，用你的粉丝去影响你粉丝的粉丝，这才是微营销的核心。

因此，要想留住种子用户，一定要让其对你充分信任。没有充分的信任感，以后的关系就难以维持和拓展。那么，如何营造信任感呢?可以按照图5-1中的4个方面进行初步沟通。

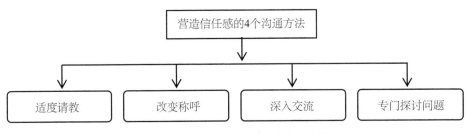

▲ 图5-1 营造信任感的4个沟通方法

（1）适度请教

最初接触种子用户时，不要贸然聊产品，可以从学习、工作和生活开始，以请教的姿态建立起信任关系。可以请教关于对方职业的问题，如果对方是教师，可以问："现在的学生不太好教吧? 您一定很有经验吧?"也可以谈论对方的特长，或感兴趣的话题。如果对方是摄影达人，可以问一些有关单反相机技术、选购技巧方面的问题。

请教客户既能体现对方的重要性和特殊性，也能营造出双方互相传授知识和经验的氛围。大多数客户会将请教看作一种赞美并欣然接受，随后你向他们输出产品和品牌知识就会变得顺理成章。

（2）改变称呼

当你与客户沟通过几次之后，要适当改变称呼，但不要过于程式化，不妨亲切点，接地气点。例如，比自己年龄小的客户可称呼"小×"，比自己年龄长的男性客户可称呼"×哥"，女性客户可称呼"×姐"，这样可以加深信任，建立更为亲密的关系。当然，这一阶段聊的话题也要更丰富，如聊一些与对方的生活、家庭、职业、追求等有关的事情，避免单一地聊产品。

（3）深入交流

由于客户往往是通过熟人介绍、朋友圈互动而来的，其中不少人抱着试探的想法，当双方情感拉近之后，他们反而更希望尽快了解产品以及代理规则。

面对这样的客户，要真诚地与对方进行更深入的交流，避免简单表达、尽早结束谈话。否则既无法展示自己的诚意，也会增加对方的防范意识，使他们产生不信任之感。

（4）专门探讨问题

专门抽出时间，围绕一个重要话题与对方共同探讨，这样会让对方感觉到你对他的尊重和重视。例如，"最近我们有一款新产品，不知道能不能解决你的问题""最近又有新代理加入了，你有什么想法"等。这些话题能够让客户感受到你希望平等探讨的态度。在谈话中，不仅要表现自己的专业知识和素养，还要从侧面体现自身团队的能力。

通过上述步骤的重复，你能不断地为客户输出价值，同他们真诚交流并加强彼此之间的信任关系，最终，水到渠成，完成交易。

需要提醒的是，每个客户或代理的性格不同，思维习惯也不同，有的人比较情绪化，容易信任他人；有的人则相当谨慎，很难建立信任关系。在实际操作中，要根据不同客户的特点，决定上述步骤推进的速度，遇到一些相当理智的客户，不妨给他从容思考的时间，在沟通中留下空白阶段，这样反而能够减少其疑虑心理，最终让客户对你产生信任。

5.2.2 了解客户的精神世界

人的需求有物质层面和精神层面之分，在体验至上的消费时代，客户往往更注重精神层面的需求。比如，被尊重、被了解、自我实现等。客户对你产生信任之后，双方的关系进一步拉近，不妨找准机会，多听听对方说什么、做什么、喜欢什么，从中了解其精神世界。通过了解客户精神世界的需求可达到成交目的。

（1）鼓励客户多说

想要满足客户精神层面的需求，需要真正走进对方的内心。走进对方内心最有效的措施就是鼓励对方多说，自己多听，在倾听的过程中了解客户的工作情况、生活情况，在聆听中找到共同点。

在与客户的沟通中，可以主动启发客户打开"话匣子"，适当提问，将话题向精神、思想和情绪体验等层面引导。

（2）区分精神需求

不同背景的客户，有着不同的精神需求，微商需要着力发掘客户最看重的精神部分。通常情况下，收入较高、社会层次较高的客户，并不一定看重产品价格带来的虚荣心，而更看重产品提供的对其社会关系维护的价值；收入普通、社会阶层较低的客户，更希望通过消费产品紧追时代潮流。

此外，客户性别也会影响产品需求。男性客户对产品的看法相对理性，即使是为异性购买，也注重质量和实用性，看重产品档次和品位。因此，在向男性介绍产品时，要强调功能、实用性。相反，女性客户较为感性，她们希望亲身感受产品、体验产品，并希望产品的附加值更大些。为此，微商应该多向女性客户介绍产品能带来的多种可能，迎合她们的内心需求。

（3）利用情感弱点

人性都有弱点，但又都渴求进步，利用情感弱点进行情感的深化，是不错的选择。那么，人的哪些情感弱点可以被利用呢？通常有以下3个。

1）自卑感

每个人内心都有不同程度的自卑感，微商可以巧妙地利用目标群体的这一心理状态，针对如虚弱、肥胖、不时尚等问题，强调产品功能。

2）愤怒感

每个人对客观事物产生不满时，都会有愤怒的情绪反应。微商可以利用某些不合理、不完美现象，如空气污染、资源匮乏等问题，激发客户心中的愤怒感并进行营销。

3）孤独感

微商可以利用客户对孤独的逃避，向他们宣传产品能够对抗孤独，带来朋友，引发他们对产品的喜爱，甚至可以请他们加入代理队伍。

5.3

粉丝引流常用的工具

尽管拥有大量粉丝意味着可能获取大量财富，但有粉丝并不等于直接拥有财富。因为，粉丝价值转化为经济效益，需要有个引流的过程。常用的引流工具就是我们平时用得最多的社交平台、自媒体等，比如微信、QQ、贴吧等。

5.3.1 微信个人号

微信分为个人号和公众号。微信个人号对于微商的引流与营销有着先天优势，因此，在粉丝的引流上应该首选个人号。然而，微商的微信个人号不能普通大众化，它需要进行专门的修饰和设置，带有特定的标签，具有较高的辨识性。

5.3.1.1 微信个人号的特点

据腾讯公司发布的2017年第二季度中期业绩报告数据显示，微信和WeChat合并月活跃用户数达9.63亿人。鉴于WeChat与微信具有很强的关联性，WeChat用户也必然同时是微信用户，可简单地理解，9.63亿这一数据就是微信月活跃用户数。因此，微信这个近10亿用户的移动应用已经不仅仅是个通信工具，它正在向每个人的方方面面渗透，改变着每个人的生活、学习和思维习惯，改变着微商的商业模式和营销方式。

每个平台都有其独到的特点，微信也有自身的特点，微商想要借助微信做营销，就必须了解它的特点，如图5-2所示。

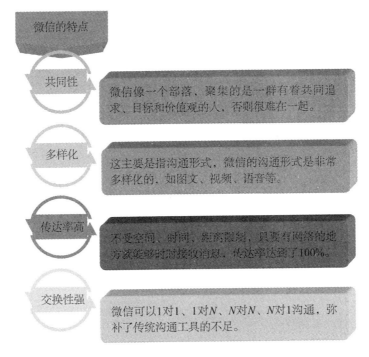

微信的特点

共同性　微信像一个部落，聚集的是一群有着共同追求、目标和价值观的人，否则很难在一起。

多样化　这主要是指沟通形式，微信的沟通形式是非常多样化的，如图文、视频、语音等。

传达率高　不受空间、时间、距离限制，只要有网络的地方就能够时时接收消息，传达率达到了100%。

交换性强　微信可以1对1、1对N、N对N、N对1沟通，弥补了传统沟通工具的不足。

▲ 图5-2　微信的特点

5.3.1.2　朋友圈和微信群营销

微信已经成为微商进军移动互联网领域的主要"武器"，尤其是朋友圈、微信群等功能，得到了重度开发和应用。

（1）朋友圈

朋友圈是微信的主要功能，很多人之所以乐此不疲地玩微信，是因为喜欢发朋友圈，看朋友圈。同时，朋友圈也是微商、商家做移动互联网营销最常用的微信功能。现在只要打开朋友圈，总能看到各式各样的产品推广与宣传，图5-3为朋友圈上微商发布的广告。

广告，是朋友圈上最常用的宣传和推广方式，对于扩大品牌知名度、产品曝光度，以及提高销量都有重要的促进作用。不过，营销朋友圈并不是那么简单的。因为很多人并不十分认可朋友圈的商业地位，他们坚持认为朋友圈就是社交、聊天、情感联系的地方，广告的大量出现已经破坏了这种氛围。由此可见，想要做好朋友圈营销不仅仅是刷广告，还需要掌握必要的方法和技巧，尽量避开大多数人的认识障碍和心理障碍，最大限度地迎合他们的需求，满足他们的需求。

那么，该如何利用朋友圈进行营销呢？最有效的方法就是实现内容与需求的对接，精准推送。微信朋友圈具有特定性，微商、商家在发布某个内容时可在对用户需求进行精准分析的基础上进行有针对性的推送。不但可大大提高推销的针对性、有效性，还可以避免骚扰到没有需求的用户。

▲ **图5-3　朋友圈上微商发布的广告**

具体有3种方法可实现精准推送。

1）"谁可以看"

在朋友圈发布内容时，为让信息与好友需求精准对接，可对内容进行进一步选择。朋友圈有两大选择功能，分别为"谁可以看""提醒谁看"。

"谁可以看"可根据内容类型、用户需求等限制全部或特定的内容谁可以看到。例如，准备在朋友圈中发送"开学季图书促销活动"这样一个消息，该活动主要针对的群体是学生及其家长。在这种情况下就没必要面向所有朋友圈的人，这时可利用"谁可以看"功能，限制没有需求的人看消息。

2）"提醒谁看"

"提醒谁看"精准地提醒特定的人来看所推送的内容。如所推送的信息与某一人群的需求特别吻合，就必要提醒对方及时查看信息。如公布抽奖名单，就可以通过"提醒谁看"功能提醒中奖人员；再如有新品上市需要及时告知老客户，也可以通过"提醒谁看"功能，达到二次销售目的。

打开微信"提醒谁看"信息编辑界面，点击"提醒谁看"，即可选择提醒的好友。值得注意的是，该功能最多可选择10位好友，因此需要谨慎选择。

3）地理位置分享

地理位置分享采用的是LBS技术定位，这项技术对互联网、移动互联网营销非常重要。例如，在微信朋友圈中就有地理位置功能，这个功能对于微商利用朋友圈进行营销推广非常有用。当用户看到带有地理位置的信息时会进而了解更多的信息，对微商和产品产生更多信任。如某微商销售海南特产，当消费者看到所发布的信息也同样来自海南某地时，就会对产品增加信任感。因为地理位置信息间接地告诉消费者，我们销售的是真正的海南特色产品。

地理位置，同时对线下销售也是一种间接的引流，如杭州某商家的真丝夏凉被品牌享誉全国，品牌口碑非常好。如果大量网友看到其带有地理位置的信息，会慕名前去其线下实体店参观或购买。

（2）微信群

微信群是微信推出的一个多人聊天服务平台，通过邀请微信内的好友形成的一个相对封闭的小圈子。群内好友可通过网络快速发送语音、视频、图片和文字，可共享图片、视频、网址等。

微信群最大的好处就是可以进行一对多的沟通，而且基于熟人关系，沟通效率非常高，沟通的盲目性大大降低，这为微商、商家进一步宣传和推广产品提供了很好的平台，成为微商、商家进行微营销不可忽略的渠道。

1）积累人脉

微信群内的成员是由拥有共同价值观或者共同需求的个人集合在一起的群体。所以每个微信群都相当于一个圈子，群内的每位成员都有相同的内心诉求，有着共同的兴趣爱好，这也意味着群主拥有了自己的人脉圈，如图5-4所示。

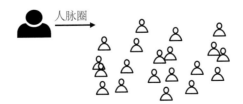

▲ **图5-4 微信群人际关系模式**

2）沟通价值

人与人沟通时传统的方式总会受到这样或那样的限制，比如地域、时间、人数等。而在微信群就不存在这些问题，可以随时发起对话，无论对方在还是不在都可以实现，而且群员之间也可以无障碍沟通，如图5-5所示。

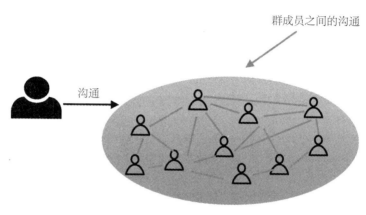

群成员之间的沟通

沟通

▲ 图5-5　微信群沟通模式

3）裂变性的传播

目前微信群人数最高限已达500人，这几百人就是你的宣传员。毕竟每位成员都可以再次以建群或加群的形式进行传播。比如，你发送某条信息，群员A觉得有价值就会转发给自己的好友，好友的好友也许会再次转发，这样一次次的向下传播就形成了一个完整的链条，而有需求的人如果买东西最终都会回到你这里，如图5-6所示。

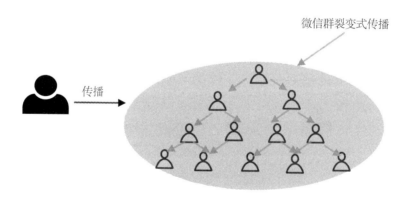

微信群裂变式传播

传播

▲ 图5-6　微信群的传播模式

4）维护良好微信群的注意事项

① 善于挖掘需求。群主必须积极维护与群成员之间的关系，挖掘群成员的内心需求，否则就会成为摆设，群主要时刻想办法挖掘群成员内心的真实诉求，这就需要定期或不定期策划活动让群成员参与进来。例如针对不同产品进行投票和打分，对不同客服进行打分。

② 提供有价值的信息。为群成员分享有价值的信息，或者关于我们所经营产品的最新消息或产品，包括特价或者折扣。让那些想取经的群成员获得新知识，学习经营技巧。同时，也要鼓励群成员分享，形成一个资源置换的平台，这种及时的分享对于群成员来说是一种福利，也会吸引更多的成员加入，从而塑造良好的社群交流环境。

③ 打造良性口碑。微信群也是一个不错的口碑传播工具，所以，当我们把微信群做到一定程度，通过群成员之间的口碑传播，一定会被更多的人所熟知，引导更多的人加入。

④ 其他功能。利用个人微信展开移动营销，除了朋友圈、微信群两大功能外，还有很多辅助功能，如漂流瓶、摇一摇、附近的人。尽管在营销效果上不及上述功能，但也不可忽视。运用得好，同样可以吸引用户关注。

5.3.1.3　个人微信的设置与装修

纵观那些火爆的、粉丝众多的微信微商就会发现，它们都有一个共同点——良好的形象。形象对一个人来说可能只是个符号，但对于企业来讲代表着品牌影响力、企业文化和企业价值的传递。微信作为企业移动互联网营销体系中重要的一部分，必须在形象上下一番工夫。微信的形象主要包括3个部分，分别为头像、名称和个性相册。

（1）头像

微信头像的作用在于便于微信好友的识别和识记，便于在众多微商中脱颖而出。同时，也能够向用户传递有价值的信息，提升企业、品牌或产品内在的形象，如图5-7所示。从图5-7中可以获得哪些信息？

A   B   C   D

▲ 图5-7　微信头像的作用

　　看了上述4个头像后，大部分人都可以很轻松地知道该微信旨在向好友传递什么信息。A图为珠宝生产与销售，B图为婚纱摄影，C图是销售大枣，D图从事的是策划、设计等服务。

　　既然头像如此重要，那么我们该如何设置自己的微信头像呢？具体来说有以下5个原则，如图5-8所示。

▲ 图5-8　设计微信头像的原则

（2）名称

　　醒目的头像+个性化的名称是衡量一个微信知名度大小的重要标准，既要掌握头像的设置技巧，也要掌握相应的取名技巧。常见的技巧有直接命名法、相似命名法、功能命名法等。具体可总结为以下6种，如图5-9所示。

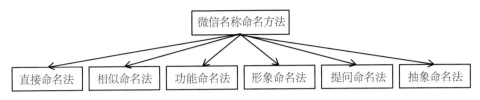

▲ 图5-9 微信名命名写方法

1）直接命名法

直接以企业、品牌、产品的名字来命名。这种方法适用于已经有较大影响力或众多粉丝的企业或品牌，最大的优势是可借用企业、品牌或产品已形成的影响力，方便粉丝搜索和记忆。

2）相似命名法

依葫芦画瓢去模仿，借用行业内影响力较大的、有代表性的微信名称，然后结合自身的特色进行演绎，这样很好地借了势。

3）功能命名法

根据企业生产销售的品牌、产品功效来命名，这类命名法的优势在于范围广、定位准，可最大限度地提升微信公众号的曝光度。

4）形象命名法

指利用拟人、拟物、比喻等形象化的手法，把模糊的事情具体化，或者把无形的事物有形化，多用拟人、比喻等修辞手法来实现，如拇指阅读、篮球公园、电影工厂、她生活等。

5）提问命名法

这个可以理解为你问我答，或自问自答，问题不是关键，关键是如何通过问题吸引更多的人关注。比如，什么能赚钱、今晚看啥、什么值得买等，实际上是没有固定答案的，但却是很多人十分关注的。当把这些问题作为微信公众号名称时，可很好地激发粉丝的好奇心，引导、诱导粉丝去关注，因为关注后就知道答案了。

6）抽象命名法

这类微信以新鲜、好玩、有趣为主，没有严格的规则和规范，目的只有一个：让粉丝感到眼前一亮。如槽边往事、琢磨先生、乐活铺子、小道消息、一些事一些事……

当第一次看到这些微信时，绝大部分人都不知道到底在说些什么。然而，人有时候很奇怪，越是不知道说些什么，越有深度了解的欲望。可见，在命名上只要抓住了人的这种心理也可以做到以"奇"制胜，这样一来，很多看似稀奇古怪的微信公众号为什么会还有那么多人去关注，就不难理解了。

（3）个性相册

个性相册主要包括封面和个人签名，封面是个性相册的主要部分，也是最显眼的一部分，相当于相册的背景图。封面即是一张图片，可随时更换。设置技巧与头像部分一样，既要有特色，也要信息丰富，最大限度地表现企业、品牌和产品特色、企业的信息，意在让用户充分地了解。

个性签名是个性相册的另一个主要内容，一般由几个词或一句话组成，可概括该微信的用途、特色、特点或其他。总之就是通过一段话让用户马上知道你是谁、你要干吗、能提供什么价值和服务。总之可把最想传递给用户的信息全部体现在个性签名里。

封面和个性签名的设置还可以弥补头像、昵称的不足。如有些人的微信在头像上、名称上受限于篇幅，很难明确定位，表述也比较模糊。那么，这时就可以通过个性签名加以细化、明确。个性签名可人为设置，可根据自己的需求随时更换。

对于个人微信而言，你的账号要有独特性、个性化，否则，很难在众多账号中脱颖而出。在账号的特色设置中，头像、昵称和个性签名是最不可忽视的，只要做好这三个方面，就容易给用户留下深刻的印象。

5.3.2 微信公众号

微信公众号是腾讯给个人、企业和组织提供业务服务与用户管理能力的全新服务平台。通过微信公众号，微商可向消费者提供更多的信息、更完善的服务。与此同时，消费者也可以更快、更便捷地获取信息，享受服务。这对企业、消费者双方都是有利的，是移动互联网营销不可缺少的一部分。

5.3.2.1 微信公众号在微商中的作用

随着个人微信的火热，越来越多的人开始关注微信公众号。那么，什么是微信公众号呢？微信公众号是指开发者或商家在微信公众平台上申请的应用账号，就像QQ号码、手机号码一样，是依附于某个用户存在的，同样微信公众号是针对微信用户而言的。

通过微信公众号，微商可在微信平台上与消费者进行文字、图片、语音全方位的沟通和互动。消费者通过关注商家的微信公众号，成为该企业的用户，从而享受其提供的产品或服务，微信公众号是商家与用户之间的纽带，其运作模式如图5-10所示。

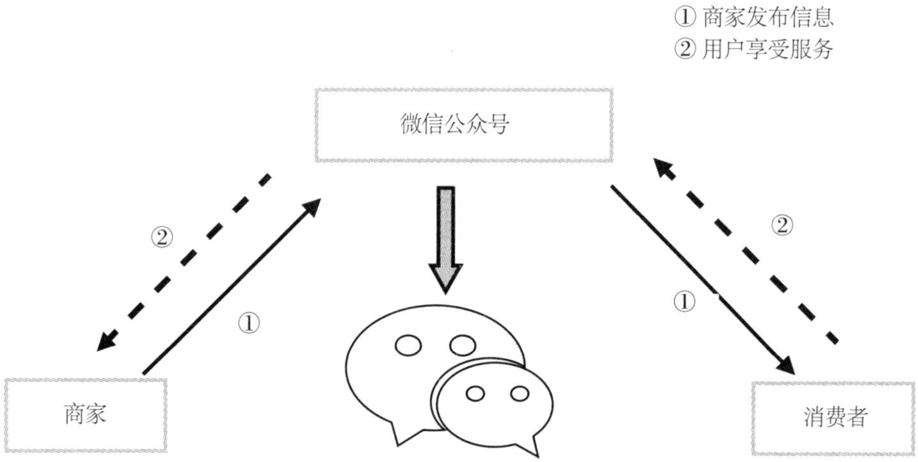
① 商家发布信息
② 用户享受服务
微信公众号
②
①
②
①
商家
消费者

▲ **图5-10　微信公众号在商家与用户之间的纽带关系**

从图5-10中可以看出，通常情况下用户只有关注了某个微信公众号，才可以进一步享受该企业提供的所有服务。一个微信公众号，如果无法获得用户的关注，也就失去了存在的意义，可见，做好微信公众号是用好微信、展开微信营销的前提。

经总结，微信公众号营销有三大优势，具体如下。

（1）种类全，功能强大

微信公众平台在信息的推送和管理上功能十分强大，不但可群发文字、图片、语音、视频等内容，还可以对信息进行高效管理，尤其是接口功能使得信息管理更具有优势。这是其他任何平台，以及个人微信所有功能：微信群、朋友圈、摇一摇、二维码等所不具备的。

同时，随着微信公众平台的不断完善，一些新功能仍在不断增加和优化中，如“语音功能”。语音功能是指运营者在后台添加录制好的语音，然后上传到服务器上，在公众平台里面调用，以满足与用户的交流。添加语音时，可从素材库中添加已有的语音，也可新建语音进行提交，一个图文消息只支持添加一个语音。

（2）构建点对面式的全覆盖营销网

微信公众平台与个人微信是有区别的，在使用公众平台前大家必须有这样一个认识：公众平台核心在"公"，即用户关注平台后可与平台交流，但平台由后台管理员管理，用户与用户之间无法自由交流；而用户关注个人微信后，用户与用户之间可以自由交流，微信拥有人无法对其进行控制，这是最大的缺点，无法控制就无法精准营销（微信群、朋友圈、二维码等功能都属于个人微信范畴）。

从以上分析来看，当你玩微信群、朋友圈时更多的是一种个人行为，我们将它称之为点对点行为；而利用公众号进行营销时则上升到集体行为、公众行为，即点对面的行为。这两种行为分别形成了两种完全不同的营销模式，如图5-11、图5-12所示。在各自的模式下，推广、宣传方式尽管有所相似，但效果的差距很大，后者比前者更系统、更完善，更有利于营销工作的开展。

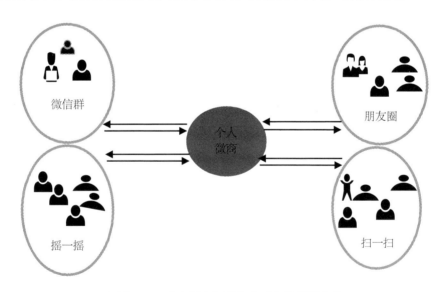

▲ **图5-11 个人微商与用户点对点的营销模式**

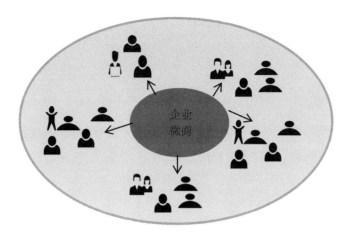

▲ 图5-12　企业微商与用户点对面的营销模式

　　微信公众平台是所有自媒体平台中功能最完善的，设置也是最人性化的，与微信本身的一些功能相比更具有优势。因此，做微信营销不能局限于使用那些功能单一的微信群、朋友圈等，更应该打造一个属于自己的公众平台。

（3）实现了PC端与移动端的完美闭环

　　以往，公众平台只能在PC端操作，然后再通过微信发送到智能手机、iPad等移动端。2015年下半年起，腾讯已经开通了移动版的公众号管理平台，并进行了公测，从而实现了PC端—移动端的完美连接。

　　移动端管理平台是一个为"公众号安全助手"的公众号，"公众号安全助手"意味着微信公众平台手机版面世，从而实现了PC端、移动端的同时操作，大大提高了公众平台的便捷性。"公众号安全助手"这个平台可群发图片、文字和图文等信息，查看留言、消息与赞赏，如图5-13所示。

　　以上3个优势决定了微信公众平台在微信营销中的地位和意义，没有这个平台，或者说，无法做好这个平台，所谓的微信营销就是不完整的，甚至没有太大的意义。如今那些优秀的企业，或者在微信营销方面

▲ 图5-13　"公众号安全助手"群发功能

有突出成就的企业都有自己的微信公众平台，它们的微信公众号也赢得了大量粉丝的青睐。

5.3.2.2　微信公众号的类型

微信公众号可分为三大类型，分别为订阅号、服务号、企业微信（企业号）。企业、商家需要根据自身需求选择相应的账号。三种账号在很多方面存在差异，从而影响到实际的使用效果，具体差异见表5-1。

◆ 表5-1　微信三大类公众号对比

账号类型	订阅号	服务号	企业微信（企业号）
消息显示方式	出现在订阅号目录中	出现在好友会话列表顶端	出现在好友会话列表顶端
消息显示次数	1条/天	4条/月	200条/分钟
高级接口权限	暂不支持	支持	支持
定制应用	暂不支持	暂不支持	支持
自定义菜单	支持	支持	支持

需要注意的是，微信账号一旦创建成功其类型将无法变更。微信公众号是新媒体运营的主要工具之一，当微商决定要开通微信公众号时就必须选择是开通订阅号、服务号、企业微信（企业号），还是同时开通。

5.3.2.3　公众号运用场景选择

公众号的运用场景可以分为两个部分来讲：一个是使用主体，即什么人在使用；一个是运用领域，即运用在哪些行业。在使用主体上，因账号类型的不同有所区别；在运用领域上则比较广，包罗万象，基本涉及所有领域，尤以零售、餐饮、旅游、医疗、互联网等行业为甚。

（1）使用主体分析

在上一节中讲到，公众号可分为订阅号、服务号和企业微信（企业号），三个不同类型的账号，运用主体也不同。

1）订阅号

订阅号的使用主体为个人、媒体、社会组织和企业。订阅号最初的定位只是针对个人和媒体，社会组织和企业并不在其范围之内。然而，任何一个平台也正是有企业的参与，才更有影响力，才更容易被普通大众所认知和接受。在这种演变中，订阅号也逐步对企业开放。目前，大量企业参与进来，至此形成了一个四位一体的用户体系。

2）服务号

服务号更多的是针对企业，包括具有企业性质的媒体、社会组织等。与订阅号相比，服务号的使用主体范围较窄，最大的不同就是不再适用于个人。毕竟，服务号是一个以提供服务为主的平台，偏重于与用户的互动，如银行、医院、学校等提供服务为主的企业及社会组织，它们需要时刻向用户提供自己的服务，开通服务号再好不过了。

3）企业微信（企业号）

企业微信，原叫企业号，在使用主体的定位上范围更窄，仅限于某企业内部。通过该平台，企业内部可以很好地连接起来，形成一个移动的系统的整体。如召开线上会议，管理员工、管理客户等，不必在线下进行，通过企业微信（企业号）平台都可以轻松、高效完成。

（2）运用领域分析

随着微信公众号的普及，用户数量大大增加，业务模式不断完善。公众号在运用领域上也达到了前所未有的范围，可以说，现在公众号的"触角"已经延伸到所有行业，现在没有任何一个行业不开通微信公众号的。

当然，不同的公众号性质不同、用途不同，并不是任何行业、任何企业都适用，也并不是只要开通了公众号就一定能收到预期效果。该不该使用公众号，如果使用又该用哪个类型的，还需要综合考虑，全盘分析，从实际出发。一般包括3个方面，具体如下。

1）根据订阅号、服务号、企业微信（企业号）的特点、优势进行选择

对比三个号的特点，很容易就会发现，订阅号的优势在于信息的传递和互动上。一方面每天1条的信息发布量满足了运营者的需要，另一方面也便于与用户互动，订阅号发送的信息和资讯会显示在用户的订阅号文件夹中。这类账号比较适用于媒体机构、政府机构等，以实现消息推送、信息分享和反馈，如

《南方周刊》等。

　　服务号的优势在于能建立相对稳固的服务模块，为用户提供某种具体的服务。比较适用于以服务为主的企业，比如，餐厅、旅馆等。

　　企业微信（企业号）的最大特点是供企业内部使用，有助于搞好内部运转，维系企业和员工、企业与上下游供应商的关系。由于是内部沟通和交流，所以较前两种而言保密性更好。一般适用于内部构造较复杂的大型集团性企业，如美的、东方航空等。

　　2）根据企业（个人）自身需求进行选择

　　个人建议，无论企业微信公众号，还是个人微信公众号，订阅号是首先必须做的。至于是否做服务号可视情况而定，当然目前个人还无权开通服务号。衡量是否开通服务号的前提是评估一下自身是否有更多的服务向用户提供，是否一定有必要通过微信来提供，如果没有就不要勉强，否则4次/月的"露脸"机会远远不够，很容易被用户遗忘。

　　3）根据企业的运营能力进行选择

　　能否同时运营两个及以上微信公众号，还有一个非常实际的影响因素，即团队中是否配备了足够的运营人员和强有力的技术支持。尤其是做服务号，需要深层次的技术开发，需要系统的产品功能，需要整体规划，谋定而后动。没有这几项的话，即使开通了也可能不会很好地运营下来。最后给出3条具体建议，如表5-2所示。

◈ 表5-2　同时运营两个及两个以上微信公众号的建议

先做订阅号，再做服务号	对绝大多数企业而言最好先从订阅号做起，做好订阅号，通过订阅号形成好的沟通机制和氛围。当数据量足够大，而很多需求又无法通过订阅号满足时，再升级为服务号，这是一个水到渠成的过程
服务性企业优先做服务号	对于银行、电子商务企业、航空企业等与客户经常发生关系的企业，可以优先选用服务号，在用户消费过程中不断给予服务性的提示，如航空企业可提供订单、行程、路线、航班信息等的及时提醒和查询，并提供实时的在线客服
一定要做在线客服	无论服务号还是订阅号都需要做好在线客服，基于实时沟通的在线客服是微信公众号的价值所在，不能忽视。未来"微信客服中心"很有可能和电话客服中心一样，成为企业新的客服模式

综上所述，无论从使用主体（企业、媒体、社会团体、个人）角度来看，还是从运用领域来看，在做微信公众号之前，都需要好好想想账号到底能够给用户提供什么，账号的定位和核心功能是什么，能提供哪些独特的价值。

5.3.2.4 微信公众平台的基本设置

（1）头像和名称

头像和名称是微信公众平台给人的第一印象，虽然只是一个符号，但对于企业来讲代表着企业形象、文化和核心价值。头像和名称作为微信公众号重要的一部分必须下一番功夫，这如同企业名称、品牌，或产品的名称一样，会让更多的人记住、识别。

具体的设置方法和技巧可参考个人微信，两者有异曲同工之妙，这里不再赘述。总之，头像的选择和名称的命名是个技巧活，必须掌握必要的方法和技巧。

（2）自动回复设置

自动回复设置是公众平台的重要组成部分，主要运用在两个场景当中：一是当用户第一次关注公众号，公众平台会自动回复一些类似于自我介绍或提示的信息，如欢迎语、引导语等；二是当把信息群发出去之后，经常会收到用户的回复和反馈，这时需要进一步交流沟通，也常会用到自动回复功能。

微信公众平台有3种自动回复，分别为被关注回复、收到消息回复、关键词回复。

登录微信公众平台，点击左侧"功能"选项进入"自动回复"，然后点击编辑模式即可对自动回复进行设置。如图5-14所示。

▲ **图5-14** 微信公众平台后台"自动回复"设置页面

点击页面右侧的关闭滚动条向右拖动，即可开启"编辑模式"，然后点击"启用"，点击"设置"，我们会看到页面右侧就上述的三种自动回复设置信息。具体操作流程为：功能 → 高级功能 → 编辑模式 → 自动回复（即可添加相应的关键词自动回复信息）。

1）被关注回复

在后台管理界面的左侧管理列表中有选择"自动回复"按键，选择"被关注回复"，就可以在跳出的编辑框中输入想回复的消息。最多可以设置600个字，可插入文字、声音、图片、视频、链接地址。

该信息会在用户关注微信公众号后自动弹出，用以跟用户进行初步的交流，比如欢迎语、进一步操作提示等。这里重点介绍关于欢迎语的设置。

欢迎语，顾名思义就是与用户打招呼，就像平时朋友见面总要打声招呼、以示礼貌一样，这是被关注回复设置中必不可少的内容。但在公众号这个特殊的媒介上，欢迎语也不是简单的客套话那么简单。因此在设置时需要遵循一定的原则，具体内容见表5-3。

◆ 表 5-3　欢迎语设置的基本原则

招呼：以亲切的语气、新颖的语言向关注者打招呼
定位：给公众号以定位，让用户知道你是谁、是干什么的、擅长什么
栏目：向用户展现一部分内容，如一条信息、一篇文章，目的是提起关注者的兴趣
引导：直接引导关注者查看历史消息、菜单栏、回复关键词，总之就是要直接告诉关注者如何做。值得注意的是，这种引导要简单，越简单越好

2）收到消息回复

与"被关注回复"相同，此处同样可以添加最多600个字的回复内容，包括文字、声音、图片、视频，不同的是不能添加链接地址。这个模块下的信息，只有在用户做出回应时才会自动弹出，否则不会激活。

这种回复一般出现在公众号"自定义菜单栏"中，如公众号智创管理设有"智创课堂"菜单，其下又有二级菜单"微课堂"，当用户点击该菜单时就会收到后台推送的自动回复内容。

3）关键词回复

"关键词回复"大大增加了运营者与用户的互动，当用户输入某个关键词，触发自动回复时后台就会自动推送设置好的内容。仍以公众号智创管理为例，输入关键词"我要读书"，就会收到相应自动回复的内容。

在设置"关键词回复"时需要注意字数限制，平台对关键词字数、回复内容字数等都有严格的规则、要求，具体如表5-4所示。

◈ 表5-4　关键词回复输入规则

类别	名称	关键词	回复
具体规定	不超过60个汉字，最多可以设置200条	单个关键词不超过30个汉字，每条信息最多设置10个关键词	每条规则最多设置5条回复，单条回复不超过300个汉字
注意事项	（1）关键词回复可以添加文字、声音、图片、视频，链接地址可以输入，但是不支持超链接至网页 （2）自定义回复最多设置200条只是理论上的，也就是最多200条可以创建200个不同的规则，但是这个200条微信，官方并没有明确说明 （3）回复内容可以在界面中进行设置，可以选择每次都推送全部回复，也可以选择仅回复部分内容。如每个规则里可设置10个关键词，若设置了相同的关键词但回复内容不同，系统会随机回复；每个规则里可设置5条回复内容，若设置了多个回复内容（没有设置"回复全部"），系统会随机回复		

（3）自定义菜单设置

微信公众号的"自定义菜单"功能是一个机动性极强的功能，主要表现在运营者可根据自己的需求自由设置和开发。如果说上述两个功能只能链接到内部的素材图文，那么自定义菜单则是一个链接外部素材的功能。比如，链接到微店；链接到微网站的某一款产品；链接到我们的微商城；链接到更多微信第三方应用系统和功能。

如果微信公众号是一个流量入口，那么自定义菜单就是一个管道，负责把流量流向运营者想要的外部渠道——微店、产品、项目和服务上面去，如在线订餐、订票、天气查询、快递查询、缴费等。自定义菜单使公众号变得丰富多彩，变得强大。可以说如果没有自定义菜单功能，微信公众平台将会陷入千篇一律的境地，无法体现特色、个性化。自定义菜单界面如图5-15所示。

▲ 图5-15 自定义菜单界面

自定义菜单最大的优点是减少了用户的认知门槛，可以将公众账号里的重点信息入口直观地暴露给用户。当拥有这个功能的开发权限时，公众号的信息将会更加完善，更加系统，便于让用户更好、更快地获取信息，一目了然地了解相关服务。

目前，利用自定义菜单可以设置三个主菜单，每个主菜单下可以设置最多5个子菜单。点击主菜单会弹出该菜单下的子菜单，点击每个子菜单将会触发请求，会跳出相应的回复信息和链接网页，这也预示着微信营销不再是单纯的消息推送和回复（暂不支持未认证的订阅号）。

自定义菜单有助于企业打造一个个性化十足的公众平台，对用户来说，则可大大丰富阅读体验。当用户添加一个公众号时，如果发现该公众号上有较为有趣的或者有价值的自定义菜单，就很容易对公众号产生更高的关注度。

5.3.3 微信小程序

微信小程序是现在移动互联网中的热点，它的出现曾掀起了一股创业热潮，给创业者、投资者、程序员带来了福音。那么，对微商新手来说微信小程序也是优势多多，它可大大降低他们的创业成本，同时也降低了投资者的投资风险。

5.3.3.1　微信小程序的概念

微信小程序是腾讯公司于2017年1月9日正式上线的一项微信功能，内置于微信中。该功能最大的特点是方便快捷，信息可以在微信内被便捷地获取和传播；同时具有出色的使用体验，不用下载，用完即走，较之以往的App类应用更轻便。

小程序在微信中的入口如图5-16所示。

对于企业来讲，拥有小程序也非常简单，小程序与订阅号、服务号、微信企业（企业号）是并行的体系。微信小程序全面开放后，企业、政府、媒体或组织都可申请。申请步骤如下：

① 打开微信公众平台 https：//mp.weixin.qq.com/ ，在右上角点击"立即注册"。

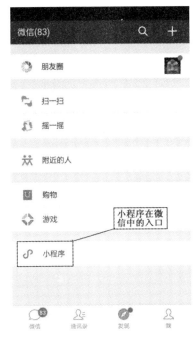

▲ **图5-16** 小程序在微信中的入口

② 选择第三个选项"小程序"。

③ 填写用户的基本信息，每个邮箱仅能申请一个小程序，填写完成以后系统会发送一封确认邮件到申请人邮箱。

④ 从邮箱打开确认链接，完善注册信息，目前仅限企业、政府、媒体及其他组织注册，个人暂时不能注册。这里要提醒的是，注册完成以后就只能通过300元认证费来通过认证了，所以务必在这一步进行企业认证。

⑤填写完信息即可注册成功，成功后即可跳转到登录成功首页，登录成功后还需要认证企业信息方可使用。

⑥ 程序信息完善。填写小程序基本信息，包括名称、头像、介绍及服务范围等。

⑦ 开发小程序。完成小程序开发者绑定、开发信息配置后，开发者可下载开发者工具、参考开发文档进行小程序的开发和调试。

⑧ 提交审核和发布。完成小程序开发后，提交代码至微信团队审核，审核通过后即可发布（公测期间暂不支持发布）。

5.3.3.2 微信小程序的应用场景

不同的小程序有不同的定位、不同的用途，可运用于不同的场景，如网购、买电影票、餐厅点菜、酒店预订、旅游；查询股票、查询天气信息、查看新闻、收听广播；查询公交、网约出租车、共享单车等。

严格意义上讲，微信上的小程序其实早已有之，如微信钱包中有手机充值、生活缴费、酒店等各种功能，如图5-17所示。

▲ **图5-17　微信上早期未开放的小程序**

点击进入这些功能之后看到的就是一个个网页应用。这些网页可以称为是小程序，只不过目前为止都是腾讯内部提供的。小程序的开放就是指让第三方公司也可以开发自己的应用，这些应用可以在微信中快捷地展示，而不需要到移动App Store中下载。

随着小程序正式上线，用户现在已可以通过扫二维码、搜索等方式体验到开发者们开发的小程序了。

用户只要将微信更新至最新版本，体验过小程序后，便可在发现页面看到小程序tab，但微信并不会通过这个地方向用户推荐小程序。

5.3.3.3 微信小程序的传播优势

（1）容易搜索和查找

小程序显示在聊天顶部，这意味着用户在使用小程序的过程中可以快速返回至聊天界面，而在聊天界面也可快速进入小程序，实现小程序与聊天界面之间的便捷切换。切换界面如图5-18所示。

▲ 图5-18 小程序与聊天界面之间的便捷切换

只要是使用过的小程序，将以列表的方式呈现在小程序tab中，如图5-19所示。

▲ 图5-19 小程序列表的呈现方式

同时，也可通过公众号主页进入小程序，比如在公众号"毒蛇电影"的主页中可看到相关小程序，点击即可进入相应小程序。由于处于同一账号体系下，公众号关注者可以更低的成本转化为小程序的用户。

（2）操作便捷

微信小程序被誉为移动互联网新贵，它的出现使"杀死一切App"的说法甚嚣尘上，有人也称这是"新一代操作系统"。"杀死一切App"的说法有些夸张，但微信小程序绝对担当得起"新一代操作系统"的称号。小程序最大的优势就在于无需安装，使用方便。它是一款即时使用的手机"应用"，只需要扫描二维码，或是搜一搜，就能立即使用。

就像关注微信公众号一样，你只需知道它的名字或者二维码就能使用这款小程序，如查询艺龙酒店预订，就可以直接关注其小程序，如图5-20所示，享受相应的服务。或知道某一功能，也可通过查找关键字在搜索栏中搜索，然后再确定相应的小程序。例如查询共享单车，当输入"单车"时就会出现摩拜单车、链上单车、小毛驴单车等信息，如图5-21所示，只要出现在搜索栏中便代表它们是已经开通的小程序。

▲ 图5-20　小程序查询方法1　　　▲ 图5-21　小程序查询方法2

不同的小程序能帮用户实现不同的功能，如查询共享单车、查询公交、买电影票、餐厅排号、餐馆点菜、查询股票信息、查询天气信息、收听电台、预订酒店、打车、查汇率、查单词、买机票、网购……

（3）交互性更强

小程序与订阅号、服务号、微信企业（企业号）是并行的体系，全面开放申请后，个人、企业、政府、媒体或其他组织的开发者，均可申请注册小程序。

但与公众号相比，小程序要优于公众号。微信小程序提供了丰富的框架组件和API接口供开发者调用，基于这个小程序的运行能力和流畅度可以获得和Native 移动App一样的体验。在获取更好的体验的同时，交互性也更好。

这种体验性、交互性体现在两个方面：一个是用户与用户之间的交流互动；另一个是用户与开发者之间的交流互动。

用户与用户之间的交流互动，即小程序可以分享至对话的功能，一个用户在使用某个小程序后感觉非常好时可分享给自己的朋友，如图5-22所示。

如果说用户与用户之间交流这一层面无法特别明显地体现出小程序优势的话，那么第二个层面的优势则比较大，是公众号很难做到的。

第二个层面的交流互动是在用户与开发者之间，体现为小程序可对特定功能进行设置。以某健身类的服务号为例，该号主要向学员提供健身服务，如推送新课程信息等。然而，这种互动主要是单方面的，往往是开发者单方面推送，用户被动接受，但如果有学员希望根据自己的时间预约一些课程，预约教

▲ 图5-22 "自选股"小程序分享展示

练单独性地指导等，利用服务号是很难做到的。除非开发者自己开发一个完整的预约系统嵌入其中，供用户下载使用。而使用小程序的用户就不会有这样的担忧，预约这件事情就会变得非常容易。开发者只要开发出一个具有时间预约功能的小程序即可。用户可以随时随地用这个小程序预约自己想要的课程、喜欢的教练。反过来讲，对于运营者来说，也使自己的服务更特色化，更个性化，更容易满足用户多样化的需求。

（4）性能优越

相较于移动App的高流量成本，微信小程序能减少所有产品对用户时间的

竞争。小程序是对移动App的进一步简化和优化，开启了Super移动App，或者说是Light移动App的时代。因此，小程序就是一种轻移动App模式。

所谓的"轻"就是可对某些重要的功能进行优化，使某个功能更突出。如以往很多移动App中，尤其是综合性的移动App往往会嵌入很多功能，这样做的缺点是干扰了用户的体验，同时下载后占据的空间也很大。而小程序只将移动App中最核心的功能予以保留。

比如滴滴出行这个小程序，如图5-23所示，仅保留了叫车功能，而移动App中的地图、出行方式选择、用户界面、商城等功能都被舍弃掉了。

▲ 图5-23 滴滴出行小程序界面

5.3.4 QQ群

QQ是使用最为广泛、时间最长的社交工具，现如今几乎每个人都有1个或几个QQ号。当自己的QQ好友聚集了一定数量后，就可以在QQ群内进行推广了。而且QQ和微信实现了连接后，信息的发布可以同步进行，这就为产品更大范围的推广提供了更多可能性。

然而，借助QQ群进行营销常会遇到两个问题：一个是死群；另一个是广告太多。无论哪种情况，在推出活动时，宣传的力度都会受限，从而使宣传达不到应有的效果。因此，需要掌握必要的QQ群营销技巧和方法，多一些了解就会达到事半功倍的效果。

5.3.4.1 创建QQ群

这是针对已经有联系的好友而创建的。优势是由于自己是群主，或者与好友之间已经建立起相互信任的关系，在发布广告宣传时会更加随意和自如。不过，想要真正引起群友的兴趣，单凭发广告是不够的，建群时要有针对性，能为群友提供他们想要的东西。

用户愿意主动添加到你的QQ群，一定是有自己想要的东西。如果这些需求无法得到满足，他们就不会长久地待在群内。为此，你所建立的群必须要找准圈子，使其具有针对性、专业性。

目前，在QQ群查找中，系统对群的分类非常明确，涉及多个领域，如互联网/IT、金融、房地产等，每个大类里还会再进行细分，如图5-24所示。

▲ 图5-24　QQ群分类界面

例如，一个以培训为主的群，要定期提供培训信息，开课举办讲座，分享工作经验和技巧，分享课程的心得等。再如，一个以卖茶为主的群，要能够共同了解茶叶，方便茶爱好者和茶商之间建立联系。

5.3.4.2　添加QQ群

添加的QQ群不是你的领地，在做营销时必须要做得够"软"。因为一不小心你就会被群主移出群，这样就丧失了一个好的营销点。所以，在添加的

QQ群里做营销要十分谨慎，最简单的办法就是先了解他们，融入其中，熟悉该群的交流方式。

加入的QQ群大多与产品相关，因此你可以凭借着对产品独到的理解和自己掌握的专业知识，让群内好友认可你、信任你，最好能使对方主动添加自己为好友。只要获得了他们的信任，就可以通过私聊的方式将他们转化成为准客户。

这里有一类群是需要着重关注的，即QQ营销群，如代购、代理、淘宝刷钻群等。这些群其实没有太大意义，基本都是在盲目推送广告信息，如图5-25所示。

▲ **图5-25　营销群搜索界面**

做这类群营销时，最好的办法就是看到有类似的产品推送出来时可以找他私聊。私聊时寻问对方关于产品的问题，以及产品上家的问题，通过聊天来建立某种生意上的联系。如果对方怨声连连，你可以将自己的优势讲出来，将其转化为自己的代理商；如果对方销售的产品做得不错，你也可以将自己的产品推广给他，让他帮助销售或从他那里获取销售资源。

为了取得更好的推广、宣传效果，也可将QQ群好友与微信相连，这样就可以及时在朋友圈中看到QQ好友的更新动态。

5.3.5 QQ空间

在微信加粉时，很多微商又开始重新关注被放弃已久的QQ空间，注册新QQ号或从淘宝购买有一定等级的QQ号。这是因为QQ作为目前用户较多的社交工具之一，毫无疑问也是访问量最大的一个平台。目前，QQ空间已与苹果、安卓、塞班系统相连，同时也可引导到微信群和朋友圈，可以说具有巨大的商业潜质可挖。

那些较早利用QQ空间进行营销的企业，如今已经发展到了相当大的程度，如蘑菇街、美丽说等，如图5-26、图5-27所示。

▲ 图5-26 蘑菇街的QQ空间

▲ 图5-27 美丽说的QQ空间

那么，如何做好QQ空间来吸引粉丝呢？最主要的还是做好内容营销，为用户们提供切实可行的内容。

5.3.5.1　开通QQ空间认证

QQ空间认证非常重要，它是指经过腾讯官方认证，针对知名品牌、机构、电子商务、应用商、网站媒体、名人等推出的，拥有专属功能的腾讯专页。目前认证方式有三种，分别是个人认证、企业认证和企业网站认证。

QQ空间认证的条件，如图5-28所示。

- 是QQ空间用户(如非QQ空间用户需先注册开通)

- 是知名品牌、企业机构、媒体或名人，普通空间也可申请，但要求较严格

- 是原创用户，发表空间日志至少20篇以上

- 能保持每周至少2次的日志更新,且更新内容健康、有思想性，与所在领域相关

▲ **图5-28　QQ空间认证的条件**

认证空间是普通空间的更高级版本，取得认证后的空间相较于普通空间增加了一些功能和模块，更容易得到陌生人的认可。最显著的特点是它有"我喜欢"这一海量粉丝功能。当用户点击"我喜欢"成为粉丝之后，该空间的搜索更新内容将会在粉丝QQ空间的个人中心展现。

除此之外，认证空间还有一个特别的优势，即通过QQ认证的空间，在搜索时会排到最前面，同时也可获得腾讯优先推荐的机会，一旦被推荐将带来上百万的流量，被成千上万的用户所熟知。

5.3.5.2　做好内容营销

（1）发表原创日志

为了获取更多的潜在用户，要定期发布一些对QQ好友有帮助的文章。如

果单纯是标题党骗点流量，仅仅靠回访的访问量，达到的效果是很有限的。写高质量的软文，非常有效果。原创日志是绝佳的推广机会，可让那些不愿意写日志的人来阅读和转载。

其实，这个阅读和转载的过程就是推广的过程，对方在阅读和转载的过程中无形中就接受了你的理念、你的产品，或者充当了传播的纽带，帮助扩大宣传。

（2）转载人气较高的文章

转载那些被大家转载几千次、几万次的文章，可以迅速把QQ空间的人气做起来，因为这些文章大家都很喜欢，内容的实用性很强，分享给自己的朋友也一定会得到他们的认可。

只要把QQ空间里的内容做好，就能快速吸引他们的注意力，再在文章后面放上企业的微信二维码，自然就能吸引他们关注我们的微信账号了。

（3）分享给好友

QQ空间日志除了转载功能外还有一个分享功能，用户只需点击一下鼠标就可以把喜欢的文章分享给自己的QQ好友。我们可以在内容当中加入一些引导读者分享的语句，引导读者分享这篇日志。一旦用户分享了我们的文章，那么他的QQ好友就会成为我们潜在的购买者与传播者。

5.3.5.3　对QQ空间进行装扮

装扮QQ空间能给用户留下良好的第一印象，否则就无法在第一时间引起用户的注意。那么，如何装扮出别具一格的空间呢？当然，这对于VIP用户来说不是什么问题，他们只要根据自己的需求插入已有的VIP模板、皮肤、图片等，立马就会让空间焕然一新。但对大部分普通人而言，没有VIP装备，该如何低成本地装扮自己的空间呢？这就需要掌握一些免费装扮的技巧。

（1）创造性地运用编辑导航功能

点击QQ空间上方的"装扮"，再在下拉菜单中点击"装扮商城"，如图5-29所示。

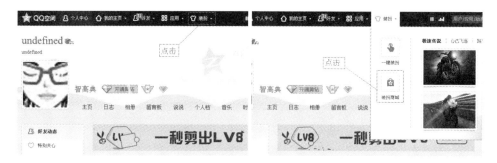

▲ 图5-29　QQ空间上的装扮设置

再点击"设置"下的"编辑导航"，在弹出的窗口中选用合适的模板，如图5-30所示。

▲ 图5-30　QQ空间上的编辑设置

在"导航内容"中，用鼠标对栏目进行自由勾选，如图5-31所示，点击"确认"后，勾选的栏目会出现在主导航中。

（2）充分利用免费资源

系统会不定时地赠送一些免费的资源，如皮肤、播放器、图片、歌曲、Flash等。商家可充分利用这些免费资源，根据自己的需求进行组合。具体操作为：进入QQ空间，点击装扮空间，在输入关键字里搜索所要的资源，如皮肤"幸福的故事"、浏览器"BLUE"等。然后点击"搜索"，单击

▲ 图5-31　QQ空间上的导航设置

"保存"即可，这样就可将所要资源下载到空间里了。

值得注意的是，在插入歌曲和Flash时步骤较为复杂，具体步骤如图5-32所示。

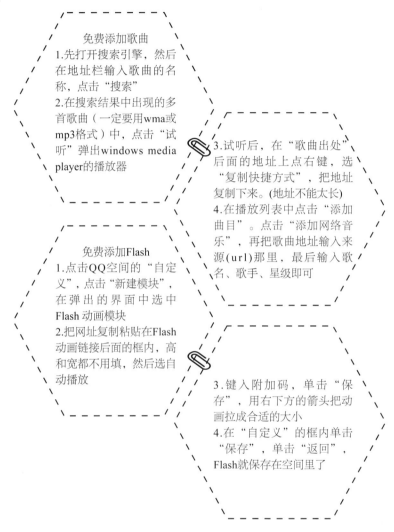

▲ **图5-32　QQ空间中插入歌曲和Flash的步骤**

5.3.6 QQ邮箱

利用邮件吸引粉丝关注，能达到快捷、接受率高的效果，而且极易保存，只要用户不主动删除邮件就永远都不会消失。但对大部分微商来说，这种方法是最容易被忽略的，如果不是特别需要，一般极少会用到。

（1）利用QQ邮箱写信功能

在写信中，可以根据自己的需求，选择不同的发送形式，如贺卡、明信片、音视频等，从而使得发送内容声情并茂，更吸引人。在QQ邮箱内，还有非常好玩的漂流瓶、贺卡功能。如节日时，可以借助贺卡表达节日的问候；可以开通漂流瓶，提高认识新用户的机会。

为了提高辨识度，还可以对QQ邮件进行个性化设置。在设置功能中，可以自定义字体、自动回复、个性签名等。

（2）利用QQ邮箱的订阅功能

利用这个功能商家可以随心所欲地订阅自己喜欢的邮件，如，阅读分享、学点英语、美食札记等。具体操作为，在QQ邮件的"阅读空间"中找到"我的订阅"菜单，进入"开始阅读"，如图5-33所示。

▲ 图5-33　QQ邮件订阅主页面

在阅读的过程中，可将认为有价值的文章发送、分享给好友，这个发送和分享的过程无意中就是与粉丝的一种互动和交流。

申请QQ邮件订阅时，需要根据产品所在的领域来添加相应的板块。例如：做服装的可以订阅"穿衣打扮"板块；做美容、护肤产品的可以订阅女性方面的板块；自明星、自媒体的，可以订阅明星博客或与产品相关的板块。

（3）利用QQ邮件群发功能

与QQ群一样，发QQ群邮件也要避免直接发广告。因为群主发现用QQ邮件骚扰群用户时，依然会移除你。为了避免失去资源，在做营销时可以借助文件来发送。比如，可先将文件上传至QQ群邮箱，上传后只要群内用户下载文件就会看到信息。同时，如果经常发送一些有价值的文件，群内好友还会主动添加，展开有效互动，进行交流，如图5-34所示，届时就达到了吸引粉丝的目的。

▲ **图5-34　QQ群邮件"群文件"沟通页面**

5.3.7 微店

微店是微商产品营销与粉丝引流必不可少的一种途径，微店在产品交易、支付以及客户维护上有诸多优势，是一个完美的闭环生态性平台。卖家可自主上传、下架商品，对商品进行分类、管理，并利用系统内提供的多种促销工具展开促销；买家可任意浏览所有商品信息，同时可下单、购买、支付等。

开微店对于微商来说门槛很低，而且成本也小，被认为是移动互联网时代一种新的开店模式。微店引流方式以商品分享、促销信息分享和软文分享为主，如图5-35所示。如将商品详情、促销活动、推广软文等上传至平台，然后一键分享给微信好友、QQ好友等。即使自行设置的一些促销活动，如优惠券、打折券等，也是以推送的方式发布出去的。

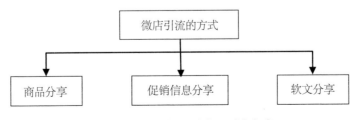

▲ **图5-35　微店的3种常用引流方式**

（1）商品分享

商品分享是微店引流的主要方式，现在大部分微店都实现了全渠道分享。店铺可与微信、微博、邮箱、QQ等社交平台相连，相连后可实现一键式分享。商家根据需求将店铺内的信息分享到微博、QQ空间、朋友圈、微信群等。

为了更好地通过发图来达到引流的目的，微店提供了一个工具——商品二维码海报（在"商品管理"中找到想要分享的商品，点击二维码可以生成二维码海报）。商品分享后会展示店铺名称和商品主图，以及商品对应的二维码。

（2）促销信息分享

优惠券是一种非常重要的促销信息，无论在线下还是线上都是十分重要的促销手段之一。为了促进商品的销售，很多微店都提供了促销工具的模板，如优惠券、打折卡。商家可根据自己的需求自定义设置。然后再将这些信息通过分享或链接推送出去。

（3）软文分享

无论是直接分享商品，还是优惠券等促销信息，可以说都是赤裸裸的广告，很容易招致他人的反感。因为无论微博、微信、QQ，还是其他平台，毕竟都是社交平台，平台上的好友最直接的需求是社交，或以社交为主，而不是消费，因而过多的商品分享反而会引起大部分人的反感。因此，以微店来引流最不宜频繁地发广告，而要善于利用软文间接地展示，对好友施以潜移默化的影响，激发其潜在需求。

例如，口袋微店中有"店长笔记"板块，这个板块中大都以文章的形式出现，由店长亲述和撰写，类似于传统营销中的软文。店主可讲述自己的生活感悟，分享有趣的图片、美景，传递更多商品以外的有价值信息，同时将店铺信息或商品信息巧妙植入其中。这种营销方式更容易被接受，也能赢得好友的喜欢。

5.3.8 微商城

微商城是一个体系性十分强的线上销售体系，它集商品展示、客户管理、渠道分销、市场营销于一体。它不但承担着营销的前端工作——卖货，还承担着营销工作的终端——传播与推广。这也是越来越多的微商开始做微商城的主要原因。

那么，微商城的引流方式具体有哪些呢？大体上可以分为两种：一种是广告引流，另一种是促销活动引流。

（1）广告引流

广告管理系统是微商城中非常重要的系统之一，可以帮商家进行广告审核、制作、上传、更新等业务。这是微商城在广告引流上的一大优势，因此微商可以充分利用这种优势，将广告做精做细做到极致。

例如盟聚广告，这是微盟上的一个营销平台，聚合着微信、QQ、今日头条、百度BES、360、WPS、小米等几乎所有的主流流量，覆盖95%以上的移动用户，可为商家提供包括QQ空间广告、朋友圈广告、微信公众号广告三大移动社交平台上的广告投放，具体如图5-36所示。

| QQ空间广告出现在用户的好友动态中，是一种融入在用户UGC中的原生社交广告，拥有用户天然、无违和感的关注 | 通过微信广告系统进行投放和管理，广告本身内容将基于微信公众账号生态体系，以类似朋友的原创内容形式进行展现，在基于微信用户画像进行定向的同时，依托关系链进行互动传播 | 是一个基于微信公众平台，可提供给广告主多种广告形式投放，并利用专业数据处理算法实现成本可控、效益可观、精准定位效果的广告投放系统 |

▲ **图5-36　微盟的盟聚广告的功能**

（2）促销活动引流

微商城本身自带促销功能，其上也有很多现成的促销工具可供商家使用，如优惠券、满减、积分兑换等，商家可根据自己的需求自定义设置具体的形式。下面是比较常见的促销工具及其设置的步骤。

1）优惠券

优惠券是一种放之四海而皆准的促销方式，实体店中有，微店中有，微商城中也可以有。商家可根据需求进行设置，如打多少折，赠送什么赠品，是否需要奖品等。

以微盟为例，设置步骤为：进入微盟"营销管理"→"会员营销"即可看到。商家可在平台上自行设置具体的积分原则、抵现金额等，可单个使用，也可累加使用，如图5-37所示。

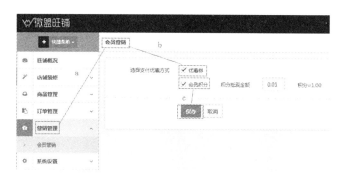

▲ **图5-37　微盟优惠券设置界面**

2）满减送

为满足商家的促销需求，满减送促销活动等也是微商最常见的促销方式。即当用户购买金额或购买数量达到一定量时，可享受减免部分金额，或打折，或者送赠品的优惠。这一切都可通过后台设置实现。

具体操作以有赞为例，进入有赞店铺后台，按照"设置"→"应用设置"→"活动提醒"→"选择活动类型"→"满减送"的步骤进行，最后点击"确定"，进入编辑页面。编辑页面如图5-38所示。

▲ **图5-38　设置优惠活动编辑页面**

3）其他

优惠券、满减、积分兑换等这些相对固定的促销方式，是针对个别商家的，属于商家的自愿行为。而且大多数时候都是随取随用，只要商家有需求、有意愿，任何时候都可以参加。除了这种方式外，微店也会不定期组织一些促销活动，如同城活动、中秋节客户回馈活动等。这些活动是针对系统内所有商家的，每家都得参加（但也不会强求），且只有在活动期限内才可参加。

如口袋微店曾经组织过一次亲子同城活动，为了动员商家参与，在活动前夕统一发放通知，通知对活动的重要性、参与流程做了详细介绍。对于这类活动，参与起来比较简单，只要注意通知提醒即可，这里将不再赘述。

5.3.9 直播平台

人们看直播是为了直接消费，购买某个产品吗？其实不是，即使有也只是某些企业强加的功能，且效果也非常不好。人们的真实意愿是为了获取某方面的信息，体验某方面的乐趣，了解某方面的知识等。

直播的本质是社交，旨在促进人与人之间的信息、情感交流。因此，微商在利用直播平台引流时必须要学会"回归"，认清直播平台的社交本质，把直播定位为一个供用户学习、休闲和沟通的平台，目的是传播知识，满足用户内心的深层情感需求。只要满足了用户的深层需求，便可以间接带动消费，促使产品在用户中形成良好的口碑，实现口碑营销。

当然，这种知识传播要想既能满足用户需求，又能兼顾企业的需求，实现双赢，是有技巧的。那么，该如何实现这种双赢呢？即找准基准点，然后围绕这个基准点向四周扩散。

这个基准点就是企业核心产品和业务，如理财类产品，其核心产品是给客户带去钱生钱的机会，那么就可以以此为基准，在直播中提供一些与理财有关的知识。如做美甲的商家，其核心服务是美甲服务，直播中就可以教粉丝一些做美甲的技巧。

图5-39就是一个专门做美甲的商家，在推销美甲工具和美甲油的同时，教用户如何自己做美甲的小常识。

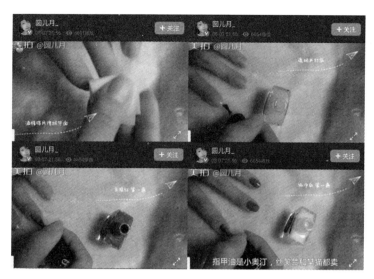

▲ 图5-39　美甲工作室的美甲教学视频

直播以传播知识为主，销售为辅，不仅更容易全面展示产品和服务，还能够深入地与用户交流，了解用户需求，强化用户的忠诚度，弱化用户对直接销售的反感情绪。

假如直播卖化妆品，其结果很可能是遭到观看者的反感或干脆退出观看。但换个方法去做这件事，如在向用户展示、推销化妆品的同时，配合着一些化妆、美容方面的知识、技巧，那么，不仅可以激发起大众的参与性和求知欲，还可以使受众自然而然地接受产品。

在这点上小米就做得非常不错，以小米公司为例，其官方微视账号@小米公司，旨在通过视频为小米用户解决产品在实际使用中出现的问题。

▲ 图5-40　小米公司直播教学视频

图5-40所示为小米公司在微视上的一段直播，旨在告诉用户一个大多数人不知道的拍摄小技巧。通过观看演示，

用户可拍出更好的照片，锁住电量，留住最美好的瞬间。

为了更好地传播知识，小米公司还不断对内容进行优化，以更生动、更生活化的方式展示用户在使用小米手机的过程中常遇到的问题，如"两个人通话，对方那边侃侃而谈，而自己这边却无法听清"，这个问题相信很多用户都遇到过，该怎么解决呢？

视频中采用情景演示的方式分析这个问题，情景是一位员工突然接到老板的电话，当时老板正在气头上，老板快速地把事情交代给这位员工，并告诉员工他只说一遍，就把电话挂了。然而员工根本就没听清楚老板在说什么，也不知道该如何做，很是痛苦。这时候小米就用剩下的几秒钟把如何设置手机，以便智能记录通话的方法快速地演示了一遍，用户一下子就看明白了。

这种先用真实场景演绎，然后给予解决方法的视频，令用户看后记忆非常深刻，因为这种形式比文字、图片更直接，让用户更快速地看懂并学会。

从上述例子来看，网络直播平台可以定位为一个知识传播的平台，或者至少有类似的功能。网络直播改变了人们学习知识、接受知识的方式。以往学习和了解某方面的知识，都是通过网站、微博、微信等，这些方式以图文为主，有些单调，再加上有些知识本身就比较深奥，单从文字、图片上很难理解。例如，网站信息往往因内容过多、过杂而让用户无法看下去，一篇文章几千字甚至几万字，很多时候对方看个开头就没心情了。而微博又有字数限制，140字很难说明问题，虽然也可以加图片但信息量也非常有限。微信比较方便但相对封闭，如果对方不知道，或者没有关注到该账号，所发布的内容永远不为人所知。

相比较而言，网络直播却可以很好地弥补这些缺陷，通过视觉、听觉来表现，使信息接受度更高、更容易。这种双重效果带给用户的感受是不一样的，毕竟人在接受新事物、新知识时都有一种懒惰心理，最简单的就是别人直接告诉你怎么做，并一步步演示如何操作。学习方式越简单，接受度越高。因此，如果将网络直播打造成一个知识型平台来满足用户学习上的惰性，可充分体现出网络直播在传播知识上的价值。

搭建一个知识分享型平台，就是为了让大家聚在一起交流和学习。在这个过程中，主播就是组织者、粉丝的服务者。一名优秀的组织者、服务者，自然是焦点，万人瞩目。当所有的目光都聚集在这个点上时，那么这个点的品牌力、影响力自然会得到提升。

5.3.10 抖音

抖音是一款音乐创意短视频社交软件，是一个专注年轻人的15秒音乐短视频社区。用户可以通过这款软件选择歌曲，拍摄15秒的音乐短视频，形成自己的作品，现改版后，拍摄时间已不止15秒。抖音有强大的聚粉能力，截至2018年11月，抖音总注册量已超过10亿，日活跃用户量已经高达2亿，月活跃用户量超过4亿，抖音已经成为国民级的短视频App。

抖音强大的聚粉能力曾引发了新一轮的网络营销，首先运用抖音来进行营销的就是微商。很多大型微商企业利用自己的平台资源、技术优势，抢先占领了抖音市场，将抖音当作营销与引流工具。无论日常卖货，还是在特定的日子，比如某个节假日、购物节，或者店庆时段等都开始运用抖音，这比传统的引流工具要有效得多。

抖音之所以火，不仅在于其爆发式的用户增长，更在于越来越多的品牌开始入驻抖音，逐步把抖音纳入新媒体矩阵中。事实表明，抖音已经成为微商营销与引流的新武器。抖音开放蓝V认证之后，各大企业纷纷开始涌入。经过认证的抖音蓝V企业，可以获得多项优势，如图5-41所示。

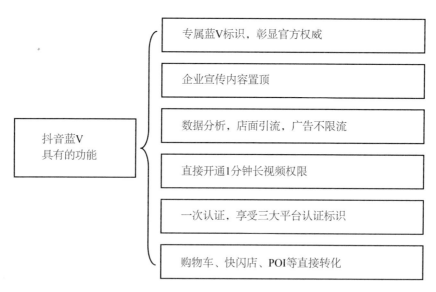

▲ 图5-41　抖音蓝V具有的功能

值得一提的是，对于不同类型、不同营销需求的企业，抖音蓝V都提供了相应的转化方案。

（1）POI 功能

"POI"，即英文Point of Interest的缩写，被翻译为"信息点"，但在地理信息系统中常被引申为"地理位置"。一个POI可以是一栋房子、一个店铺、一个邮筒、一个公交站等。抖音企业蓝V的POI功能，是抖音推出的一款营销利器。它是线下微商企业获客的利器。POI功能的呈现方式就是抖音视频中的定位图标，用户点击图标进去，可以看到定位这一地址中的全部视频内容，企业通过POI页面可以向用户推荐商品、优惠券、店铺活动等。

POI功能可以让企业获得独家专享的唯一地址，这不仅仅是一个地址，更是一个与用户进行接触的窗口。企业可以展示各种信息，用户发布的带地址的视频都会集中呈现在POI页面中，企业可以与之互动，还可以沉淀用户的内容口碑。每一个触点都具有促进转化的作用，有效为线下门店导流。例如，2018年"双十一"期间，抖音与快乐柠檬合作，通过互动让店面销售额上涨110%。

（2）购物车

电商类企业可以使用购物车功能，实现"种草"即下单。视频内、评论区、主页橱窗均可展示商品，并直接跳转到商品页面，极大缩短了转化路径，促进交易。

例如，知名女装电商品牌茵曼在抖音蓝V运营过程中，曾借势《延禧攻略》话题热度推出相关视频，单日内就为品牌涨粉10万，同时借助购物车功能，视频中推荐的商品获得超过25万点击量，直接销售转化超过10万元。

（3）快闪店

对于不仅要销售转化同时有品牌推广需求的企业，抖音蓝V最新上线的快闪店可以提供解决方案。快闪店以信息流广告样式推广，同时在品牌主页也有固定入口，极速全屏落地页的呈现形式，为用户提供流畅的沉浸式体验，也为品牌展示提供了充分空间。另外，快闪店提供的丰富玩法可适用于不同的营销诉求。

例如，新品上市发布，可以使用"倒计时"功能，为用户制造对新品的期待感；对于限量版产品或特殊营销活动，也可以使用"限时购"，制造限量专属感和秒杀、抢购的刺激感，促进转化；对于热门商品可以采用"低库存提醒"功能，制造紧迫感，提升用户购买意愿；等等。可以看出，快闪店在功能设计上更注重用户体验，使品牌与用户之间产生连接和交互，通过对用户心理的影响，实现品牌传播和销售转化双重目标。

抖音的出现对传统的引流方式是极大的冲击，由于它给人呈现的动态化的信息，比静态的文字、图片来得更为丰富，给人的冲击力很强。最关键的一点是，通过抖音这种带有浓烈社交色彩的营销方式，既保留了线上购物的便捷性，同时也结合了线下购物的交互性，极大地提升了用户的购物体验。

"微商+抖音"的引流模式，除了可以提升消费者的消费体验外，对商家也是非常有利的。通过抖音，电商获得了巨大的流量，实现了快速变现，品牌效应得到大大提升。

微商与抖音的结合是电子商务上的创新，未来如果能有进一步合作，将会成为一种非常重要的盈利模式。如果说抖音是内容传播交互的创新，那么"抖音+微商"就是经济生产模式的创新，从"人与货"到"人与人"的交互，"抖音+微商"前景不可限量。

5.3.11 线下活动

微商吸粉除了可以通过线上渠道获取之外，还可以结合线下活动进行。线下活动是指通过开展各式各样的促销、优惠活动来引导粉丝关注，再通过一定的方式转移到线下来。如奖励、扫描二维码吸引线下粉丝关注公众号。这样的运作模式如图5-42所示。

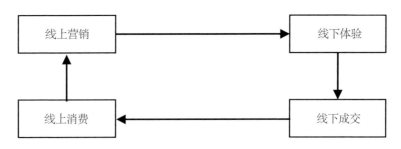

▲ **图5-42 线上线下相结合的运作模式**

这种线上线下相结合的方式，在吸引粉丝上更直接，针对性更强，尤其是对那些适用范围较广的公众号。例如，休闲娱乐、日常消费等，几乎每个人都是潜在客户。现在越来越多的微商意识到线下营销对粉丝的重要性，开始寻求线上线下的结合。但如何将两者完美结合起来，达到最佳的营销效果呢？方法有很多，但以下4点是必须特别注意的。

（1）要有利于用户直接搜索或添加

线下宣传是为了促进线上的销售，引导线下消费者多多关注店铺。因此线下的一切宣传要以有利于粉丝直接搜索为主，可以采用最直接的方式。比如，直接告诉大家搜索某个关键词，或扫描哪个二维码，了解什么详情等。

（2）要与线上宣传保持高度统一

线下宣传的东西要与网店、网站上的消息保持高度的统一，比如，国庆节快到了，线下的"庆国庆优惠价格"信息与官方网站上消息不对称，消费者看到后会是怎样的反应？他们可能会想"这个网站到底是不是官网"。这一系列的疑惑意味着用户体验做得很糟，其他活动再开展起来会很困难。

（3）宣传中突出公司名称、产品名称

简洁有力的口号，以及突出公司名称、商标名、产品名，对产品的宣传、品牌的建立有重要意义。尤其是线上线下互通后，用户在线下听说某个品牌后会到线上搜索，这时大部人都是以在线下看到的公司名称或产品名称为基础的。如果广告中没有这些关键信息，用户很难准确关注到，这样所谓的线下宣传也就失去了意义。

（4）域名超级重要

无论是电视广告还是报纸杂志的新闻或广告最重要的就是突出公司的网址，这就势必要求域名够短，大家才能记住，而且最好不会产生任何异议，域名与公司名或产品名要高度统一。

域名挑选上可以根据自己网站的定位来定，不过要尽量简单、易记，便于用户识别，如域名就是公司名的拼音或者英文名缩写。

5.3.12 网络视频

随着互联网的发展，网络视频普及，成为一种非常好的引流方式。根据中国互联网络信息中心（CNNIC）数据显示，目前网络视频普及率为69.1%，也就是说100个人里有70个人看视频，所以我们使用视频吸粉更容易曝光在潜在客户的眼前。但是知道视频营销的人非常少，因为大家都习惯关注热门的方

法，而且会做视频营销的人也是少之又少。

视频引流门槛非常低，任何人都可以做，而且效果立竿见影，今天上传的视频第二天就有效果，很多引流方法效果都是比较慢的。另外，视频的持久性也比较好。例如制作了1000个视频上传到各大平台，过了一段时间播放量并不是就没有了，它可能随着时间的增加带来更多的播放量，第二年、第三年也照样能被新客户看到。因此，这是一次操作终身受益，适合长期做的方式。

（1）目前的视频主流平台

中国的视频主流平台有优酷视频、爱奇艺视频、56网、酷6网、腾讯视频、搜狐视频、新浪视频、爆米花视频、百度视频等。

（2）视频营销流量来源

一般视频的流量来源有4种渠道：第一是站内流量，第二是百度视频搜索流量，第三是搜索引擎长尾流量，第四是社交分享站外流量。其中，社交分享站外流量，一般都是自动传播。例如你上传一个视频后分享到贴吧、QQ空间、微信朋友圈、微博中，一些用户就会自动帮你传播，快速曝光你的视频；还有一部分人他们是在视频网站看到你的视频，每个视频下方都有一个分享功能，点击"分享给好友"然后它就会出现在很多社交平台上，用户感觉这个视频不错就会自动帮你传播。

（3）闪电制作视频

工欲善其事，必先利其器。我们做任何事情之前都要准备好工具，同样，做视频营销，视频工具是必不可少的。视频营销并不要求你像做培训课程视频那么专业，只是利用制作的视频达到快速吸粉的目的。下面是一套简单的视频制作方法。

1）获取视频源

获取视频源有两种方法：第一种直接到淘宝上购买，淘宝上购买的都是无水印的，可以直接使用；第二种是到各大视频网站去采集，这种方法避免不了采集到的视频有广告，你需要剪辑视频，把别人的广告去掉。

2）视频处理

视频处理软件有很多种，而我们使用的视频处理软件是"会声会影"，网上直接下载一个免费的就可以使用了。

只要了解了会声会影支持的格式，直接就可以把采集的FLV格式转化为会声会影要求的格式。会声会影支持的格式如表5-5所列。

◈ **表5-5　会声会影支持的格式**

类型	格式
视频	AVI、MPEG-1、MPEG-2、MPEG-4、HDV、AVCHD、M2T、H.264、QuickTime、Windows Media格式、DVR-MS、MOD（JVC-MOD 文件格式）、M2TS、TOD、BDMV、3GPP、3GPP2
音频	杜比数码环绕立体声、杜比数码环绕音效 5.1、MP3、MPA、WAV、Windows Media 格式
图像	BMP、CUR、EPS、FAX、FPX、GIF87a、ICO、IFF、IMG、JP2、JPC、JPG、PCD、PCT、PCX、PIC、PNG、PSD、PXR、RAS、SCT、SHG、TGA、TIF/TIFF、UFO、UFP、WMF
光盘	DVD、视频 CD（VCD）、超级 VCD（SVCD）

3）视频上传分享

从采集视频源、购买视频源到剪辑视频源，只是为了分享出去时能有效获取精准客户名单，接下来就是把剪辑好的视频上传到各大视频网站上去。一般视频网站上传视频有两种途径：第一种途径是网页上传，但这种方式一次只能上传一个视频，单个视频最大支持2G；第二种途径是客户端上传，这种方式一次最多可以上传30个视频（以优酷为例），单个视频最大支持10G。我们上传的视频，基本上都是3～10分钟的视频，所以大小无关紧要。如果视频数量多建议采取客户端上传，如果数量少就使用网页上传。

上传视频的时候一定要注意以下5点。

① 创建专辑。没有专辑的视频和有专辑的视频是无法相比的，因为专辑比零散的视频权重要高很多。创建专辑不仅权重高，利于排名，还可以增加曝光率，就像电视剧一样，一集接着一集地播放，所以建议创业者把你剪辑好的视频做成一个系列上传到专辑里。

② 简介。简介相当于网站的描述，但是很多人在视频描述里会留下一个悬念，即说到关键处时停止，给观看者留下一个悬念迫使其点击视频观看。不过现在的视频制作基本少有人写描述，因为描述对排名影响不大，但写上还是比没有写效果要好。要注意的是描述里千万不要留下你的联系方式，这样的视

频在审核时不会通过。

③ 分类。视频分类时要选择一个适合你的板块，例如郑多燕减肥操，放在生活、体育、时尚类都是可以的。

④ 话题。话题是无关紧要的，可随便点击一个优酷推荐的热门话题。

⑤ 标签。标签非常重要，对你的视频排名影响很大，因为用户搜索视频通常是通过标签来进行搜索的，通过标签就能搜索找到需要的视频。需要注意的是，为提高搜索率，标签一定要与视频播放的内容相关。

第6章

产品的宣传与推广

很多人认为产品的宣传与推广很难，其实并非如此，这是一门技巧活儿，只要掌握了思维和方法，很多问题都会迎刃而解。思维是解决"如何想"的问题，方法是解决"如何做"的问题，两者的关系就像"术"和"道"，相互依存，缺一不可。

6.1

微商产品营销，从了解思维开始

营销是一种思维，要想做好微商营销必须从了解思维开始。网上讲"思维"的帖子、课程非常多，但对微商真正有帮助的却特别少。做微商时，如果你的思维不对，就无法找到真正适合的人群，投入就等于浪费。没有思维就看不清微商之路，也不可能成为成功的微商。

6.1.1 移动互联网思维

随着互联网的发展，营销界兴起了"互联网思维"一词，不久，又出现了"移动互联网思维"。大家为什么如此热衷于思维？这是因为我们每个人，时时刻刻都离不开互联网和移动互联网，等车的时候看新闻、聊天、刷微博；乘坐地铁时看电影、玩游戏、读电子书；购物时用手机查找店家信息，用手机结账……除了睡觉，人们余下的时间都与手机紧密地连接在一起。各大企业、媒体、圈子都会将信息推送到用户的手机上，用户可时刻查看、浏览、回复等。

因此，想要做好微商生意必须要了解互联网思维。互联网思维在微商中最大的体现就是碎片化，时间碎片化、需求碎片化、营销碎片化。据此，商家可借助有价值的内容和个性化服务，霸占消费者的碎片化时间。

在北京、上海、广州等大城市里，排队、吃饭、购票、坐车、乘电梯等都是碎片化时间。之前，人们会在这些枯燥的时间里等待、发呆、聊天；如今，人们会利用无聊的时间玩手机，甚至在不影响工作的前提下，也会利用工作中的碎片化时间玩手机。自从手机QQ、微信、微博功能越来越丰富后，用户仿佛得了强迫症，每隔一段时间就会查看一次手机，生怕错过重要信息。以至于人们也说不清是移动社交利用了我们的碎片化时间，还是我们用碎片化时间丰富了自己的生活。

在这种背景下，大量微商进入了用户的"手机"，给人们的生活带来了更多便捷。比如，购物、订外卖、享受企业的客服服务等，只要有一台手机就够了。碎片化的时间改变了人们的生活，也给微商带来了新的机遇。只要能让这些碎片化的时间属于你，你就有源源不断的生意。

所以，微商必须学会利用用户们的碎片化时间，让他们愿意抽出一部分时间来关注你，这样才能将营销做好。

（1）找准用户浏览信息的时间点

如果在微信朋友圈销售产品，想要判断某时间段是否是宣传的好时间段，一般可以通过查看朋友圈信息来判断。比如，在某个特定的时间段，刷朋友圈的好友特别多，通过长时间观察可以摸准该时间段，然后在这个时间段推出产品信息，就能获得好友的查看；另外，还可以通过朋友圈的回复来判断。当你发布一条信息，如果该时间段询问、评论很多，也说明这个时间段可以做营销。如果是借助微信公众号来推广，可通过查看后台数据、访问量来判断粉丝查看的人次、时间等。

（2）设计产品的引爆点

众所周知，用户在浏览信息时一般是快速的，他们甚至还来不及思考信息内容本身，就会被下一条信息吸引。这是碎片化思维带给我们的一个启示。就是说，当好友在朋友圈看到你的信息后，他可能会在一瞬间被吸引，还来不及思考是否需要购买，就会浏览下一条信息。面对这种情况，在宣传时必须找到引爆点，让他们在看到信息后迅速做决定，否则成交就会减半。他们思考的时间越久，对产品的成交就越不利。

互联网电商平台，为了吸引网友们的注意，让他们在短时间内做决定，每个产品和按钮都是经过精心设计和测试过的。不同的颜色、关键词、风格会诱发网友们做出不同的选择。比如，立即购买和加入购物车这两个按钮所产生的交易是不同的。所以，在做微商时，产品呈现非常重要，很可能一次的展示不成功，就会造成这次的推广完全失败。作为微商，需要根据不同的产品展示方式和产品不同的介绍风格来判断用户的喜好，这对于微商来讲是相当大的挑战，但如果能够成功掌握好友们的心理，也等于微商的事业成功了大半。

6.1.2 体验思维

传统营销中，一个品牌只要能在市场上打响，就很容易被大众接受。但在互联网时代，人们更多的是记住产品带来的感受、体验、效果。在移动互联网时代，一个品牌必须让位给体验，只有好的体验才能带动产品发展。为什么这样说呢？对比诺基亚和奥利奥两个品牌的发展，可以从中得到一些启示。

诺基亚的前CEO约玛·奥利拉曾经说："我们并没有做错什么，但不知道为什么，我们输了。"诺基亚品牌在全球手机品牌中连续14年份额排名第一，但自从手机进入智能化时代后，其销量大幅下降，销量领先的品牌则是后起之秀。可见，人们对一个产品的判断已经不再是产品质量和价格等，而是看能否满足自己的情感需求。

诞生于1912年的奥利奥，是美国最畅销的夹心饼干，是全球巧克力味夹心饼干的代名词。对于这样一个品牌企业，奥利奥极其注重体验思维。打开奥利奥官方微信公众号或微博，抑或看到电视上的广告宣传，无一不是在强调乐趣性、好玩性。无论是"扭一扭""转一转"还是一些创意吃法，都是为了体现出产品的体验性。

在高速发展的移动互联网时代，信息变得越来越透明。在透明的市场上，如何让用户了解你的产品，了解你的产品优势、独特性等，只有将体验做好。更何况现在是一个产品同质化非常严重的时代，只比质量、价格已经毫无优势，在产品质量、价格几乎同等的前提下，体验好的产品更占优势。

6.1.3　播传思维

播传，是指一条消息在发布之后，它就会像长了翅膀一样自动传播，快速裂变。播传与传播不同，传播需要一个载体，一个接一个地将信息传递出去，如果传播停止，信息就不再传递。而播传不同，一条信息推送出去后，只要不删除，无论何时它都有机会再次被传播。

关于两者的区别，为更好地理解，我们来看一个假设。比如，在商场、电商平台、微信公众平台，最常见的打折、低价、买一送一活动等，这些活动也许会吸引消费者，打动消费者，让其有消费行为，但他们不会二次传播，不会将这个信息告诉家人、身边的朋友，因此，传播效果非常有限。也就是说，用户虽然会在这次活动中获益，但不会主动帮助你宣传，这就是传播。

而在播传思维下，则是另一种景象。这是一种口碑式的传播模式，当用户从你那里得到了好处后，他们会不断地分享，将这种好处告诉身边的人。身边的人再去影响他们身边的朋友，会让传播不断继续下去。

那么，如何达到这种播传的目的呢？可以从以下3点做起。

首先，必须要知道的是，一个人的力量是有限的。即使某位用户愿意帮助你播传，效果也不会太理想。所以你必须有自己的社群，并且在这个社群内有一定的影响力，或者有帮你树立影响的人，比如，某领域专家、明星、公司老板等。当信服你的人或追随者出现时，很容易建立起自己的影响力和威信。

其次，就是培养你与传播者的情感，尽可能地给他们动力，让他们时时感到惊喜，让他们信任你。当你用心经营客户时，他们就像你的员工，为你服务，而且成本很低，甚至是免费的。通过长时间与用户接触，你就可以形成自己的影响力，不断将社群扩大。

最后，无论做什么都必须了解市场，知道对手在做什么。所以，关注对手的发展也是非常重要的，你可以查看用户对这些竞争对手的评价，找出自己与对方之间的差距。在你与对手差不多的情况下，若能提供更多的服务，客户很愿意为你当传播者。

6.1.4 迭代思维

迭代思维，就是不停地代换的意思，其核心是快速创新。任何一款产品都有它的不足之处，走向市场后这种不足会愈发放大，而迭代思维很好地弥补了这种不足，给予产品不断改进和完善的机会，保证产品始终以新姿态立于市场之中，不被淘汰掉。

互联网时代，产品竞争非常激烈。如果你不能在短时间内推出新品，很可能被淹没。因为你在研究产品时，对手已经用新产品占领了市场，用户们已经接受了对方的产品，你的产品就会因落后而惨遭淘汰。

当一个企业在快速发展的时候，所面临的风险也是最小的，当速度慢下来，许多问题就会浮出水面。所以要敢于不断尝试，创新产品，当一款产品有了销量后，就要着手尝试推出新产品。

快速更新，就是为了减少问题的发生，有错误及时修正。比如，微信最初上市时，在短短4个月的时间内又推出了2.0版。随着微信不断升级，如今它不只是一款聊天的工具，更是一个信息分享、信息索取的平台。

当然，新品的推出也不能盲目进行，需要把握一定的节奏。以苹果手机为例，苹果手机几乎每年都会出新品，同时也非常注意新旧产品之间的空当，不让新产品挤占旧产品的市场空间，即新旧之间要么是不同类，要么是同类不同功能。

只有持续地、有节奏地推出新品，才能保证公司在市场领先的同时还能保留足够的利润空间。但如果一味开拓新品，但在品质、功能上与之前的产品相差不大，不仅会遭到客户的抱怨，同时也不能保证利润空间。所以，对于苹果来讲，它最重要的不是快速地推出新品，而是保证新品推出后足够惊艳。

从苹果S系列手机来看，每个新款都是前一个版本的升级版，与前一版推出时间间隔1~2年。不但控制了客户的需求节奏，保证自己的产品时刻以崭新的形象出现在市场中，也大大节省了成本。毕竟，作为一个新品，研发、销售必定要投入大量的资金，产品的宣传、相关人员的费用也相当高。

迭代思维理解起来其实并不难，核心就是快，但如果仅仅为了快而不断重复也是远远不够的。快不过只是迭代的一种表现形式，真正的内涵是创新、升华。因此，在迭代过程中必须不断尝试，不断创新。

6.1.5 参与感思维

时代的发展让人们的消费习惯发生了变化。过去，人们去百货市场、超市购物；后来，人们习惯到网络上去消费；现在，随着移动互联网的发展，人人是买家，人人亦是卖家，微商人人可做。点开朋友圈、QQ空间，身边的朋友都已成为微商，他们就是身边活生生的例子。

微商之所以发展如此之迅速，其根本原因是它门槛低，人人可以参与。其次是它的碎片化，用户用碎片化时间来购买，卖家用碎片化时间来发信息推广产品，既可以将它当作自己人生的事业，也可以把它当作一个利用业余时间赚钱的工具。客户可以变成卖家，卖家使用自己的产品也是买家，围观的用户们还可以评论，为产品点赞。只有让用户动起来，你才能听到更多的声音，销售更多的产品，这就是参与感。

（1）要有具备参与感的话题

小米的成功，除了适合网络思维的快、准、狠，最重要的还有一点，就是参与感。为此小米还出版了一本名为《小米口碑营销内部手册：参与感》的书，可见参与感已经成为一种新型的思维模式。

很多微商总是抱怨产品不好卖，却不肯在自己身上找原因。为什么这款产品没有引起好友的兴趣？为什么这款产品推广会失败？其实最根本的原因就是你还没有找到它独特的卖点，它还不能让用户参与进来。用户只对他们有兴趣的话题展开讨论。做微商不仅仅是做产品，更是做内容，做话题。

想要让产品被更多的用户熟知或购买，必须要有一个能让他们参与的话题。这样，即使产品销售没有成功，但却因为超高人气带动了品牌的知名度，加深了用户对品牌的印象。

其实，有趣的话题、活动非常多。只要经常浏览微博、论坛、贴吧等产生热门话题的平台，就能找到属于自己的热门话题。

（2）要给产品增加创意

一个成功的热门话题，会带动一定的人气。但不能每次推广和宣传都使用同样的方法，最终落脚点还是要卖产品。但总是在朋友圈、微信公众号、QQ空间等平台推送产品信息，用户和粉丝会很反感的。想要增加好友的参与感，可以给产品增加一些创意。比如，在朋友圈推送生活信息时，用图片、话语带出产品信息来；还可以将产品与动物、环境、人文等结合，增加趣味性；还可以利用个性标签，让产品更具独特性……

与生活相关的信息，总能引起好友的兴趣。他们在刷朋友圈时，很愿意参与到与生活相关的信息中。如果你的创意非常幽默、有意境，得到了好友们的喜爱，他们也许会将你的图片或信息转发到自己的朋友圈，这才是参与感真正的魅力。

6.1.6 裂变思维

每个用户都不是一个独立的个体，都有一个属于自己的圈子。每个圈子与圈子之间，又被不同的用户联系在一起。当一款产品出来后，如果能进入一个圈子，并通过这个圈子向另外一个圈子扩张，其发展速度是相当惊人的。这就是微商的裂变思维。许多微商品牌能够在很短的时间内刷遍朋友圈，用的就是裂变思维。

（1）分享裂变思维

微商、微信公众号的成功，最主要靠的就是分享。分享到的圈子越多，其个人地位、名气、产品名气等就越高。当你在一个庞大的社群面前销售产品时，销量是惊人的。但是，想让一位又一位用户自动分享信息是很难的。他们知道你在打广告，想要销售产品，所以，越是不被察觉的广告就越受欢迎。

比如，森马服装品牌吸引年轻人的一大原因是其代言人。该企业总是能请到当下最火的明星做代言。一些粉丝为了关注自己喜欢的偶像，就会关注其所代言的品牌；或者看到明星款，会产生购买的欲望。该企业为了让更多粉丝能够了解品牌的服装，将明星最新拍摄的照片，以"手机屏保"的名义来让粉丝们下载。粉丝们下载偶像图片信息时，下载的不仅是自己喜欢的明星，还有明星身上的服装，以及企业品牌的logo。

明星一般有自己的粉丝团，对明星了解越多，越能被粉丝团的人记住并崇拜。当他们有了明星最新信息，就会将这些信息分享到明星粉丝团，比如，贴吧、官方微博、QQ群等。

（2）分销代理裂变思维

微商做到一定程度，一个重要的环节就是招代理。代理又分为一级代理、二级代理、三级代理……依此类推。当一级代理拿到产品，不仅会帮助销售产品，还让他身边的好友成为代理商。假设他招到了三位代理商，相当于扩大了三个圈子甚至更多。而他的代理商如果再用同样的方法……一个微商产品很快就会刷遍大大小小的朋友圈，成为人人皆知的品牌，这就是另外一种裂变模式。招代理一般除了微信公众号、朋友圈、微信群外，微博、论坛、贴吧等也可以。

想要在移动互联网做微商，裂变思维是必备模式。有了这个意识后，可以针对不同的产品，展开不同的裂变方法。裂变的方法是多样的，除了基本的裂变模式外，可以结合平台工具、大V名气、热门话题等进行设计，设计出来后再让你的代理团队、粉丝、好友来分享，最终达到裂变的目的。

6.1.7 钢丝思维

什么是钢丝呢？什么又是钢丝思维呢？说到钢丝，就不得不提到粉丝。粉丝最早只属于明星所有。自从有了微博之后，微博上关注你的用户，就是你的粉丝。这个名称让用户的内心无限膨胀。拥有的粉丝越多，越说明自己的地位、名气、影响力越大。一般来讲，粉丝忠诚于自己所崇拜的偶像或名人，甚至是不理性的、无条件的喜欢。而钢丝呢？就是比铁杆粉丝还铁的粉丝。他们一般是从铁杆粉丝中产生的，对于产品、名人的喜爱达到了近乎疯狂的地步。只有钢丝才愿意与产品或企业共同成长，购买企业的所有产品。他们更愿意为自己的"情感"买单，有时候会疯狂地购买多款或批量购买。比如，苹果产品的钢丝，他们不仅会购买苹果笔记本电脑，还会购买其手机、iPad等。

（1）培养自己的钢丝

互联网最初是以搜索为核心，卖方与买方通过搜索建立联系，然后双方达成交易。但交易结束后，双方关系就此中断，商家想要让更多的用户购买产品，就需要再次购买流量。

微商却不一样，它能建立人与人之间最基本的联系。当产品交易结束，你的客户依然在你的好友列表里，或还是你微信公众号的粉丝。对于经营粉丝的大V，"罗辑思维"最有发言权。当罗辑思维推出"史上最无理"的付费会员制，仅仅用了半天的时间，5500位会员名额售罄，入账160万元，可见粉丝们的疯狂程度。

不过，细看一些大V的成功，是因为他们为粉丝们提供了想要的内容。他们大多是某个领域里的专家，借助自己的专业知识达到吸引粉丝的目的。

对于粉丝的培养，最好的办法就是内容。借助自己的优势，比如你的特长、爱好、兴趣、专业等，找到属于你的圈子，通过不断扩大自己的圈子，来找到你的粉丝。当你有了一定的积累后，钢丝一定会越来越多。

（2）培养产品的钢丝

淘宝一直以价格战为主，在淘宝做生意的商家，只要价格便宜，就能吸引客户一波又一波购买。习惯了这种购物模式的用户，就会爱上淘宝，无论需要购买什么产品，先会去淘宝查一查价格，对比一下商家，然后再来购买。淘宝成功培养出了自己的钢丝，所以天猫"双十一"活动时，销售额才会逐年增加。

而产品钢丝最成功的莫过于小米了。喜欢小米的钢丝，会因为只要是小米品牌就购买，如小米的手机、电视、充电宝、净化器。即使他们的生活中这些产品未必是即时需要的，但是他们就是愿意支持小米品牌。这最大的原因是小米几乎运用了所有的思维模式：参与感思维、裂变思维、产品思维、播传思维、社群思维、迭代思维以及钢丝思维。其营销之路是众多思维模式结合的产物。总而言之，想要培养产品的钢丝，必须让产品硬起来，必须全方面了解用户的需求。

过去，一件产品出现了问题，可能只有它的使用者知道。但现在是社群化的时代，当某件产品出了问题，很快会让整个社群知道，所以做微商的个人，人品也很重要。这不仅能培养你个人的钢丝，还能让别人更加信任你的产品。你必须知道，微商不是一锤子买卖；不是销售员与消费者的关系，他们是朋友，是你的粉丝，更是你的钢丝。

6.2

微商产品的宣传

宣传，是一个微商创业中不可忽视的组成部分，纵观那些优秀的微商之所以短期内就能取得成功，最关键的一个原因就是营销能力强。然而，好的宣传离不开"策略"二字，微商营销策略具体有以下几个方面。

6.2.1 打造个人品牌印象

有人说，微商人人有品牌，做微商必须做品牌效应。当然，此品牌非彼品牌，它不是指某个具体的品牌名称，而是一种引申义，侧重于指个人影响力，或者说个性。微商从业者只有做出自我，做出个性，才能给消费者以鲜明的品牌印象。

比如，同为某产品代理的3个人，小王、小张、小李，尽管卖的产品相同，但给客户的印象完全不同。小王态度好，为人热情，深受年龄偏大一点的客户的青睐；小张口才好，沟通能力强，身边聚集了一大批年轻客户；小李服务专业，人人遇到问题都爱找他解决。于是，久而久之他们就形成了各具特色的个人品牌，热情型、沟通型、专业型。

做微商与打卡上班不同，每个人就是一个独立的个体，既然选择了做微商，就注定是一个创业者。不能有给别人打工的心态，一切要靠自己。做微商的过程是一个自我成长的过程，在这个过程中上家和团队只是给你提供了一个舞台，至于舞台想要多精彩，还得自己去彩排。

所以，当有客户买你的产品，多半是肯定你这个人，认可你这个人，相信你这个人的，他仅仅是因为你的个人因素，并非生产该产品的企业或团队。因此，做微商首先要把自己推销出去，打造鲜明的个人品牌，让每个接触到你的人充分了解你、信任你。

6.2.2 情感策略

在现代营销中，情感营销是一种非常重要的营销策略。所谓情感营销，是指把消费者个人情感差异和需求作为企业品牌营销战略的情感营销核心，通过借助情感包装、情感促销、情感广告、情感口碑、情感设计等策略来实现产品销量的提升。

情感营销是从消费者的情感需要出发，唤起和激起消费者的情感需求，诱导消费者心灵上的共鸣，寓情感于营销之中，让有情的营销赢得无情的竞争。在情感消费时代，消费者购买商品所看重的已不是商品数量的多少、质量的好坏以及价钱的高低，而是为了一种感情上的满足，一种心理上的认同。

情感营销的作用主要体现在3个层面，具体如下。

（1）营造更好的营销环境

营销环境既可以给企业带来威胁，也可以带来机遇。营销环境制约着企业的生存和发展。企业应重视良好营销环境的利用和营造。传统的营销方式专注于企业和消费者之间的商品交换关系，企业营销往往跟消费者获得的使用价值和企业获得的利润联系在一起，使消费者总是难以得到百分百的满意。

随着情感消费时代的到来，消费行为从理性走向感性，消费者在购物时更注重环境、气氛、美感，追求品位，要求舒适，寻求享受。情感营销不仅重视企业和消费者之间买卖关系的建立，更强调相互之间的情感交流，因而致力于营造一个温馨、和谐、充满情感的营销环境，这对企业树立良好形象，建立良好人际关系，实现长远目标是非常重要的。

（2）提高消费者的品牌忠诚度

市场竞争日益激烈，是否有优秀的品牌已成为企业竞争成败的重要因素。一个好的品牌能建立顾客偏好，吸引更多的品牌忠诚者。但是品牌忠诚度的建立除了有过硬的产品质量、完美的产品市场适应性和营销推广策略外，在很大程度上与消费者的心理因素有很密切的关系。情感营销正是以攻心为上，把顾客对企业品牌的忠诚建立在情感的基础之上，满足顾客情感上的需求，使之得到心理上的认同，从而产生偏爱，形成一个非该企业品牌不买的忠实顾客群。

（3）战胜竞争对手的强有力武器

商场如战场，市场竞争犹如战场上的战斗那样激烈无情。市场竞争，实质就是与同行争夺顾客。争夺顾客除了注意商品质量上乘、包装新颖、价格公道外，更重要的是要实施情感营销。通过钟情于顾客，对顾客真诚、尊重、信任，处处为顾客着想，从而赢得顾客的好感和信任；通过优质的服务，不断提高企业声誉，树立企业良好的形象。这样，企业在市场竞争中必然取胜。

当大家知道你是一个怎么样的人，对你产生了好感，这时你就可以利用大家对你的这份情感，进行产品推销。当然，要循序渐进，不要急于求成，否则容易让人反感，破坏建立起来的情感关系。

6.2.3 积极分享

当朋友购买你的产品之后，你要第一时间分享出去，让大家看到原来有这么多人购买，并且还有一个不错的购物体验。购买后和收到货后都要拿来分享，这是一个刺激其他朋友购物最有效的方式。如果你这个朋友购买了，别的朋友看到了，很可能也会支持你，这样你就促成了很多笔订单。

（1）互动环节

在朋友圈里，你要让朋友圈好友知道你的存在，如你的好友发一些不错的内容或者信息，你要给予评论，如果不知道评论什么，也要点一个赞。你经常关注别人，经常和他互动，他自然会留意你，对你产生好感，这是个非常重要的行为，一定要坚持去做，但是也不可过头。

（2）分享时学会感恩

不管是哪个朋友购买你的产品，买了多少，你都要感谢他，并且公开去感谢他的支持。他购买你的产品也许不是因为你的产品好，而是认可你的人，对此你应心怀感恩，记下这份人情。一个懂得感恩的人，才能得到他人的尊重和继续的帮助。

作为微商，朋友圈发的内容，大多数人仅仅是看看，真正有需要且看重你产品的人才会购买，而且大多数人也不会主动帮你转发，那些支持你的人也就更难能可贵了。

（3）强推技术

这个方法应针对不同朋友而使用，一般是比较好的朋友，并以开玩笑的方式进行营销，但一定要掌握好一个度，适可而止。

6.3

微商产品的推广

推广，换句话说就是打广告，是指把自己的产品、服务、技术、团队等通过传统媒体、网络媒体等媒介，让更多的人了解、接受，从而达到宣传、普及的目的。下面简单介绍一下常见的几种推广方式，供大家参考借鉴。

6.3.1 微信搜索推广

微信推出了微信搜索功能，通过该功能能搜索到微信公众号以及公众号的内容。如用户可通过该平台搜索跟"域名"相关的微信公众号以及域名资讯、文章、新闻等。尽管与百度、谷歌这样的搜索引擎相比，它还没有被广大用户广泛运用，但作为新兴的搜索工具仍有许多创新之处。

（1）精准搜索

微信搜索可实现搜索的精准化，使微商推销时更容易把握用户需求，搜集准确的数据，如客户的迫切需求，在哪一地区登录。而这些信息都会成为商家提供个性化服务的参考，从而做到有的放矢地推送信息，设置关键词。

以公众号搜索为例，商家可主动设置一些关键词，便于用户去搜索；还有一种是人工回复，公众号运营者根据用户搜索的内容进行回复。不过相对来说，后者因耗费人力、财力过多，运用还比较有限。

如，输入关键词"会计"，便会出现与会计有关的公众号，如图6-1所示。

▲ **图6-1　精准搜索示例**

（2）多元化搜索

目前微信搜索已经从被动转化为主动，除了搜索公众号外，还可以搜索文章、图片、视频等。以"美丽说"为例，在搜索工具栏输入这三个字，就会出现"美丽说"公众号推送的或者与"美丽说"有关的文章，用户点击文章即可阅读，获取自己所需的信息，如图6-2所示。

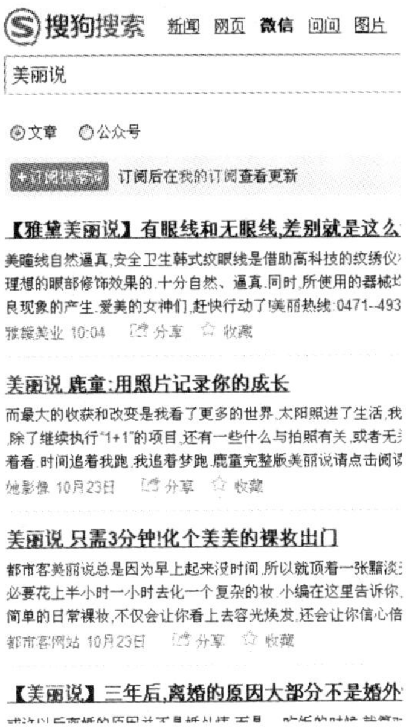

▲ 图6-2 多元化搜索示例

微信搜索依附于微信这个强大的产品生态圈，有着自己独特的优势，毕竟微信的影响力大，用户众多，内部分享环境也非常不错，具有一定的用户基础。不过，需要注意的是，微信搜索也有其局限性，就目前的状况而言，功能还非常有限，推出至今，并没有给用户带来独特的使用感受。

微信搜索方式具体包括5种类型：对话搜索、交互搜索、关键词搜索、附近的人搜索和二维码搜索。

① 对话搜索，即用户询问关注的问题，然后运营者给予回答，即对话式搜索。例如关注路况信息，发送询问路况的问题，对方给予相应的路况信息。

② 交互搜索，即在公众号后台设置回复的相应字母，推送相应内容的功能。

③ 关键词搜索最为常用，即搜索相应的关键词，获得相应的信息内容。

④ 附近的人搜索，在微信中有附近的人功能，该功能可以做附近用户的推广，当我们搜索附近的人时，会显示很多附近的人的头像和签名，将这些头像和签名当作宣传口号，能起到宣传的作用。

⑤ 二维码搜索相对更普遍，很多企业和微商将二维码印在宣传页或推送文章中，这样用户不用输入，只需要扫一扫，即可进行关注。

6.3.2 软文推广

软文推广，又叫软文广告，是指通过特定的概念诉求，以摆事实、讲道理的方式使消费者走进企业设定的"思维圈"，以强有力的针对性心理攻击迅速实现产品销售的文字模式。这种模式是传统营销中惯用的方式和手段，微信营销热起来之后，如何在微信中合理植入，让用户最大可能地接受就成了微商最关注的一件事情。

那么该如何更好地植入呢？需要把握两点。

（1）掌握软文的写作技巧

1）紧扣主题

软文作为推送内容的一种宣传工具，在写作的时候必须紧扣主题，且与自己销售的产品有关。写出来的软文必须能让粉丝看明白主题是什么，是针对什么而言的。

例如，面膜微商可撰写与美容相关的软文；销售酒的微商软文中必须有酒的内容。具体而言，"如何把产品通过网络销售出去"这篇文章的切入点就是"网络销售"，理解起来都很容易。

2）标题要能吸引起粉丝兴趣

你的粉丝同时也是别人平台上的粉丝。然而，谁发布的内容能以最快的速度吸引他们的眼球，激发他们的阅读兴趣，他们就倾向于谁。要想吸引粉丝的眼球，激发粉丝的兴趣，首先必须把标题写好。

例如，北京全攻略微信公众平台，推送了一篇名为"让你终身不发火的6个字！"的文章。粉丝看到这样的文章后会有一种，到底是哪6个字不会让我发火呢？当粉丝产生这样的疑问时，就会点击查看该文章，平台就成功吸引了粉丝的注意力。

3）能解决粉丝心中的问题

通过标题吸引了粉丝的注意后，内容必须满足其需求，否则，即使凭着标题将粉丝吸引过来，也会瞬间被粉丝取消关注。现在最核心的问题，即要能解决部分粉丝心中的困惑和遇到的问题。

例如，中华会计网微信推出这样一篇文章，叫"会计从业资格考试口诀，有了之后逢考必过"，这个题目很棒，对会计从业人员，或准备从事会计行业的人员非常有吸引力。同时内容也详细阐述了要怎样做才能达到"逢考必过"的效果。

4）避免有炒作的嫌疑

既然是软文，需要特别注意一点，软文如果是在炒作个人、公司、产品，那么文章的作者名称一定不能和他们有任何的联系，不然容易被读者看成是软文炒作。

如果某人写了一篇"2018年中国十大网络美女"的文章，而且十大美女当中就有她自己，那么这篇文章就有炒作的嫌疑。

5）内容要实用

内容是软文写作的核心、灵魂。所以写好软文最重要的一个技巧就是把内容写好。通常来讲，内容要遵循三个特点：实用、创意、易懂。

（2）把握最佳时机，找到合适的切入点

1）以故事为切入点

以故事为切入点就是给粉丝讲个故事，通过故事引出所推销的主题。关于故事你可以讲企业故事、品牌故事、产品故事，以及某个特定的故事等，目的就是丰富内容，引起用户的阅读兴趣。

如，维也纳酒店公众号上曾推送过一篇以"一名匿名会员的来信"为切入点的文章，通过某会员与女朋友发生的一件糗事，来引出维也纳酒店的优惠活动，如图6-3所示。

2）以节假日为切入点

很多人向自己至亲至爱的人表达内心的感谢感激之情时，总有点腼腆。如果企业在推销时能够以此为切入点，很容易受到这部分人的关注。例如，以节假日、纪念日为切入点，"打通"用户的心，营造特定的话题，可谓是一箭双雕。例如，京东商城曾在母亲节利用大家对母亲的感情带动营销。

3）以笑话、段子为切入点

想必看过《今晚80后脱口秀》的朋友们

▲ **图6-3 维也纳酒店公众号部分文章截图**

都知道，段子不仅幽默、有趣，更好玩，如果能够把广告植入段子里，相信一定会让大家在看得开怀的同时心甘情愿接受广告。当然，植入的段子要与企业有关，例如，将产品、企业品牌、企业文化进行展现，充分融合到段子中。

4）以社会焦点、热点话题为切入点

在互联网时代，任何一个人物、事件、物体都可能掀起讨论热潮，成为热门话题。同时，以此话题为中心，在微博、论坛上进行讨论后，形成××体或是某种段子形式的语句。

总之，进行软文推广要注意方式方法，既要达到吸引用户的目的，还不能引起用户反感。任何软文植入的营销办法只要能够达到用户点击率提升、用户的黏性和忠诚度增强或者仅仅是树立了企业的名号都是成功的，切忌操之过急。

6.3.3 微分销系统推广

微分销系统是什么？是"微商城+微分销（三级）"一体化成交平台，采用佣金和分销机制，直面线下门店和传统电商平台商户流量难、流量贵的痛点，用直接"利益"赋予朋友圈内分享的产品信息的成员，使其具备推广动力。

（1）裂变式分销系统　发展海量微商

微商个人的力量是弱小的，微商个人一则精力有限，二则覆盖面窄。很明显人多力量大，抱团运作远胜单打独斗，做微商的最终目的就是：发展众多微商卖货，裂变式分销系统让买家不仅买产品，还可以主动帮商家卖产品！

微信分销系统是集合"微商城+微分销（三级）"一体化，通过自身的社交圈迅速将产品销售至朋友圈的每个角落，让朋友圈的朋友们主动购买与分销，迅速形成海量分销规模，形成销售。

（2）微分销系统功能介绍　结合分佣机制

裂变式分销系统总店可以自由设置佣金，譬如设置成第三级销售可以获得70%的销售佣金，上两级可以获得30%的推广佣金。

分销可以在推广页面，一键把买家发展成卖家，成为代理商。具体运作方式如下。

总部后台：产品管理、会员管理、订单管理、三级佣金设置、支付设置。

会员后台：产品库。

链接生成：支持微信分享和在网上下单、订单查询、返佣查询、下线代理查询；所有产品自动生成二维码，扫码即可分享到微信，支付设置可微信支付、货到付款。

"多级分销，多层分佣"，分销商通过QQ、微博、微信朋友圈推广，粉丝购买产品，觉得不错，可以加入分销赚钱，利用裂变式分销系统做微商事业。粉丝不消费也可成为分销商，利用平台，有偿转介绍，发展下级分销商，低成本迅速积累百万粉丝，从而让产品以最快速度引爆市场，提高销售转化率，赢得品牌口碑效应。

在移动互联网时代，拥有一个专业的运营指导团队和一个完善的微信分销系统，是在互联网市场站住脚跟、蓬勃发展的最基础要求。一个完善的微信分销系统应该拥有人性化的线下分销管理、齐全的分销订单管理系统以及佣金管理方式。这样的分销系统才会受到微商的青睐，颠覆传统。

第7章

产品的销售与微商卖货技巧

  销售或卖货是指在宣传、推广的基础上，直接把产品和服务推销给消费者。销售或卖货是微商工作的重中之重，直接决定着产品或服务能否转化为经济利益。同时，这一环节的工作也是最讲究方式方法的。因此，要想顺利做好这一环节，必须掌握必要的技巧。

7.1

微商卖货模式

卖货需要解决的第一个问题，就是在哪儿卖。微商卖货借助的是网络技术和移动终端设备。因此，一切买卖行为一定是基于网络平台和智能设备进行的，如微商城、手机网站、手机App以及社交平台等。

7.1.1 手机网站、微商城批发卖货

随着移动互联网的到来，手机功能越来越强大，随之而来的就是手机网站、微商城的大量出现。我们先了解一下手机网站，手机网站是专门为手机用户在智能手机端做的一个微网站，就像PC端专门为使用电脑、平板的用户而做的一样。

手机网站一般都是根据PC端的网站而开发的，这也是为了帮助微商更好地利用移动端资源。例如，最常见的淘宝、拍拍、唯品会等，大家只要用手机搜索就能找到它们的手机网站。

微商城本质上是一种手机App，其实跟手机网站有相似之处。只不过手机网站主要用于信息的搜索，与PC端网站保持着高度一致，是由于PC端网站不方便手机用户浏览才专门做的。微商城则不同，它是一个相对独立的手机运营软件，需要先下载再使用。

就像手机淘宝网和淘宝微店的关系一样，前者是PC端淘宝网的手机版，后者是淘宝在手机端开发的一个独立App。使用手机淘宝网只要直接打开就可使用，而淘宝微店就需要先安装，将产品图片上传，方可进行交易。

较之手机网站，微商城功能更强大，使用更方便。以淘宝微店为例，作为在淘宝的基础上开发的一个微电商平台，它可将货架搬上手机端，使淘宝商家与微信充分结合起来，无疑为商家开拓了移动端渠道。所以，很多微商大范围使用微商城来卖产品，而且这也将成为未来微商的主流模式。

这类卖货方式适用于本身是总代理或厂家的微商，自己组建千人或万人团队分销和零售，自己负责发货，分销商负责销售和客服。

7.1.2 产品代理、分销模式

产品代理、分销的模式与上面的批发模式是相对应的，有批发自然就必须有代理和分销了。其实，代理和分销是两个不同的模式，代理商需先向厂家交付一定的保证金，然后从厂家拿货才能开始代理产品，有时厂家还可以提供销售资源和渠道；分销则是直接拿货，自己推广，卖出去后拿一定的提成。

代理的优势是利润空间比较大，缺点是必须付出更多精力和时间，要订货、发货、送货，还要囤货，比较麻烦，商家选择不好的话，保证金也有可能打水漂。分销的优势是投资小，风险小，几百元、几千元皆可，同时也没有订货、发货、送货、囤货的麻烦；缺点是收益不高。

不过，现在的微商代理、分销市场虚假信息满天飞，山寨、假冒品牌多，鱼目混珠，真假难辨，要想做微商代理商或分销商，需要睁大眼睛，仔细辨认。

选好认为可能行销的产品后，一定要去相关商家实地考察（这个步骤绝不能省，这关系到最终是否做得长远的问题）。考察商家主要是考察其实力，证照是否齐全，产品质量是否有国家相关部门的认证。在交纳一定保证金时，起初额度不要太大，可以后期再增加，这是可以与商家洽谈的。

7.1.3 微信卖货

一提到微商，很多人肯定会想到微信微商。微信由于用户众多，功能齐全，很长一段时间以来都是微商的集聚地。

（1）朋友圈

在早期微商中，很多微商创业者都是直接在朋友圈中卖产品，他们利用朋友圈的发布功能，定期发布相关的产品图片和信息。圈中如果有朋友主动咨询，便很容易达成交易，方式简单便捷。鉴于朋友圈的熟人社交模式，这种方式在相当长一段时间内十分有效，因此也成为微信微商的一种主流卖货模式。

然而，随着微商进一步发展，越来越多的微商加入朋友圈中，导致朋友圈像超市、大卖场一样，卖东西的比买东西的人还多，真可谓人人可以做微商，人人可以卖产品，信息高度交叉重复。不少人为了卖产品，会群发商品信息或者问候；有的人还一连发布很多产品，也不管用户喜不喜欢看，只是一味地发布，从而使得朋友圈被越来越多的无用信息占据，给正常社交造成了严重的干扰。也正是在这个时候，朋友圈卖货开始走下坡路。

现在，在朋友圈直接卖货几乎已经行不通，因此微商要利用朋友圈有效销售，就要转变思路，不卖产品而做引流。比如，只在朋友圈发布一些与产品有关的、有趣的、可读性强的信息，引导用户到第三方平台购买，这样既免去了对圈中好友的干扰，又安全有保障。

（2）微信公众号

除朋友圈外，微信微商运用得较多的微信功能就是微信公众号。与朋友圈一样，目前的微信公众号也开始由直接卖货平台逐步向引流工具转变。而且由于微信公众号在内容发布、客户管理、服务提供上更占有优势，因此引流效果更强。微信公众号的类型、内容发布、客户管理等在前文已经有过详细介绍，这里不再赘述。

（3）微信小店

从卖货角度看，微信小店是最适合微信微商的，多样化的产品上架功能，成熟的交易体系，安全支付保证等，使得其可直接与客户进行产品交易。

微信小店基于微信公众平台，打造了一个移动版的电子商务模式，只要商家开通功能即可运用添加商品、商品管理、订单管理、货架管理、维权等添加和管理商品，整个流程都可在微信公众号内完成。

7.1.4 社交平台卖货

社交平台包括QQ、陌陌、微博等，其实这些与微信一样都是社交即时通信平台，微商可以利用这些平台引流和直接卖货。只不过很难自成一体，也并不适合所有人，比如，有的微商在陌陌上做得风生水起，而有的微商则利用微博发财致富。不过，其本质是一样的，这些微商每天都会在平台上发布产品信息，引导客户购买产品。做法也类似，比如想在陌陌上卖货，可以先注册，建立自己的陌陌账号，是直接卖产品，还是间接引流，把目标用户导向店铺，需要做好定位，然后依靠高质量的内容和服务取得粉丝信任，并与客户互动，吸引更多人关注自己。这也是我们通常所说的粉丝经济，代表企业有小米、罗辑思维等。

这一种是终极模式，不过，想要把这种模式做精做细做到极致却并不是那么容易，必须对自己的账号精心运营与管理，并掌握必要的与粉丝沟通的技巧。

7.1.5 自媒体卖货

自媒体（We Media），又称"公民媒体"或"个人媒体"，是指私人化、平民化、普泛化、自主化的传播者，以现代化、电子化的手段，向不特定的大多数或者特定的单个人传递规范性及非规范性信息的新媒体的总称。自媒体平台包括博客、微博、微信、百度贴吧、BBS等网络社区。

这类卖货方式属于分销商和个人微商，因为自媒体一般都有自己的粉丝，可以面对最底层的消费者。比如，有的人在微博上卖货，用户就是自己的微博粉丝，微商需要每天分享一些信息给大家看，与大家互动。主要是通过个人价值，形成个人魅力，聚集粉丝，组建社群，然后再售卖产品，所以，特别适合分销商和个人微商。

其实，不只是微博，其他自媒体，如论坛、贴吧、个人网页等都是同样的道理，必须依靠个人魅力，来聚集大量的粉丝。

7.2

微商的卖货技巧

卖货技巧是每一个微商经营者都必须牢牢掌握的一项技能，它包括向客户介绍产品，与客户的沟通，化解客户异议等。每一个环节都可运用一定的方法技巧，以便精准地抓住客户需求，迎合客户心理，快速达到预期目标。

7.2.1 自信面对，撇开一切消极情绪

销售准备是十分重要的，也是达成交易的基础。当然，这里的准备工作主要是指心态、情绪方面的准备。

很多微商新人往往都缺乏自信，当被问到"你认为工作中最大的阻碍是什么"时，一半以上的人给出的答案是：恐惧。

这个答案令人有些惊诧，原本以为他们担心的多是一些类似"缺乏产品知识""缺乏推销技巧"等专业性问题，没想到竟是这么一个看似不是问题的问题。为什么微商新人会感到恐惧呢？面对客户为什么会有恐惧感，这背后深层的原因其实是不自信。

积极的情绪是一种职业修养，是见到客户时马上形成的条件反射。用消极的情绪见客户，注定会是失败的开始。

积极而自信，是一个人做成功一件事情的重要前提之一，微商在面对陌生客户时难免会紧张、不安，心里会担忧：如果客户拒绝我怎么办？将我拉黑怎么办？这些想法无形中就给自己制造了精神枷锁，还没上战场就败下阵来。而那些优秀的微商则恰恰相反，他们高度自信，即使偶尔会有些恐惧心理，也会在面对客户前进行自我调节。比如，不断暗示自己"我是最棒的""我能行"等，这些看似平常的话，却非常能鼓舞人，增强人的自信心，使内心更加强大起来。

7.2.2 建立共鸣，消除客户戒备之心

大多数客户与卖家初次接触，都会有一种防备心理，再加上有的卖家不会表达，或表达得不到位，直接拒客户于千里之外。有的微商见到客户，过早地介绍产品，急于展现自己产品的优势等，结果往往是遭到客户的直接拒绝。

为什么呢？因为直接介绍或推销产品会引起客户的戒备之心。例如，有的客户会直接问，是你的产品好还是你们对手的产品好？这时候怎么回答都不对，说自己的好，他肯定说你自己夸自己，不可信！说不了解对手的情况，那他就会说你连同行都不了解，不专业！所以如何掌握好这个度，建立起客户对你的认同和信赖感很关键，此时要尽可能从与产品无关的事入手，与客户初次接触时，首先要建立共鸣。比如，认知共鸣、情感共鸣等，只要产生了共鸣，

就很容易消除客户的戒备之心。然而，共鸣的建立是很需要技巧的。

比如，与客户聊些日常话题，引发客户在情感上与你保持共鸣，这样反而容易获得客户的认可。

例如，客户说她正在家休息，那你就可以问对方是做什么工作的？当对方说出之后，你要表现出对对方工作或专业很感兴趣，并引导对方进一步讲讲。当然，有些问题对方可能不愿回答，但有些问题是必须回答的，我们可以谈论对方必须回答的问题，如取得的荣誉，做出的成就等。

再比如，可以赞美客户，然后间接地引导客户说出自己的需求。

例如，一个销售美容产品的微商，面对一个女士可以夸赞对方说："您的皮肤真好，是怎么保养的？"当你抛出这个问题后，她肯定要回答，因为这是她感兴趣的话题，也是非常引以为傲的一件事情。然后，你就可以试探性地问对方的潜在需求，引出自己的话题，让其兴趣点与自己的产品产生关联。

话题的关联性越多，你与对方的谈话越容易深入下去，与对方的信任感也就越容易建立。设想一下如果你的产品与客户的兴趣点高度一致，那么话题自然就会多，不用花费太长时间，认可和信任就很容易建立起来。

7.2.3 抓住需求，找到问题所在

每个客户只对自己有需求的东西感兴趣，也只有有需求才会花更多的时间和精力去了解。因此，微商在向客户推销产品时，一定要先抓住其需求，明确需求后再配以针对性的介绍，就更容易达成交易。

打个比方，你销售的是婴幼儿用品，就要了解客户买来是解决什么问题的。是婴儿用，还是幼儿用；是初次用，还是以前用过；是自用，还是帮他人买；等等。只有把问题找准了才是真正地替客户着想，帮助客户找准需求。

产品必须与客户需求对应起来，这样即使不是十分完美也能受到追捧。产品的设计、包装、销售都是为了满足客户的需求——都要围绕需求来服务。可见，产品特征、优势等从某种程度上讲并不是绝对的，只有结合客户需求才能最大程度地得到体现。假若客户没有这方面的需求，产品再好，再有优势都没有意义，而且产品具有的某一特征与客户该方面的需求是一一对应的关系。

比如，特别看重价格的客户，我们就可以凸显产品的价格优势，即打折、赠送礼品等。如果你满足了对方的心理需求，价格低廉就成为该产品的优势。

再比如，某客户注重产品的美观性，那么，外观、设计理念等也许就会成为他们决定是否购买的因素。

所以，微商在向客户介绍某产品的时候，一定要先了解对方的需求，然后根据需求确定所要呈现的产品优势。不过，客户的需求往往是多方面的、不确定的，微商在与之沟通的时候，应善于分析，善于思考，明确客户的心理状态。首先对客户要有全面的了解，他们迫切需要什么，他们的支付能力如何。再对客户的购买欲望，需要的产品用途、功能、款式进行逐步发掘，将客户心里模糊的认识用精确的方式描述并展示出来。如果微商确认某客户不具有购买需求，或者发现自己所销售的产品或服务无益于某一特定对象，不能帮其解决任何实际问题，就不应该继续进行销售。如果确信客户存在某种需要，且存在购买的可能性，就应该集中产品的优势对其推销。因为错过机会，客户的需求点一旦发生变化，该产品的优势将会失去意义，甚至转换为劣势。

7.2.4 提炼卖点，凸显产品优势

客户之所以会购买你的产品，一定是因为该产品具有某些优势，如有特色、服务佳、价格合理等。在向客户介绍产品时一定要重点突出自身的优势，让客户感到购买你的产品的确物有所值。

寻找、发掘、提炼产品的卖点，已成为微商推销产品的常识，显然问题的关键已不是要不要为产品寻找卖点，而是如何更好地寻找到卖点。卖点提炼的过程，如图7-1所示。

▲ 图7-1 卖点提炼的过程

提炼卖点，要先罗列客户相关需求，并按需求大小进行排序，整理出所有与需求相关的产品资源，哪些是最重要的，哪些是最紧急的。结合需求，找到产品具有的最大优势或相应优势，同时，这种优势要独一无二，是竞争对手所不具有的。

具体而言，产品卖点可从以下几方面体现。

① 卖品质。让代表着品质的专家、教授、博士、学者等现身说法，来打

151

动客户的做法，就是以品质为卖点的代表。

② 卖特色。将产品具有的区域性、历史性、民族性、稀缺性、技术性等先天优势，作为卖点进行推销。

③ 卖情感。将产品赋予亲情、友情、爱情的方法。

④卖服务。即体验式的推销，将产品本身的体验和生产过程的体验当作卖点，比如，工业园区旅游、售后服务承诺、服务差异化、个性化服务、衍生服务等。

⑤ 卖概念。根据产品或服务的特性或功能进行恰如其分的比喻，例如海尔电热水器的"防电墙"概念。

⑥ 卖文化。以产品蕴含的某种文化为卖点，比如，传统古典文化、乡村民俗文化、西方浪漫文化等。

值得注意的是，并不是所有的产品优势都可以当作卖点，这一点尤为重要。卖点所针对的优势并不是盲目的，有利于客户利益，符合客户需求的优势才可以称之为卖点。某一项产品的出现，针对不同的人、不同的需求，其优势也有所不同。比如农药，对于农民来讲它可以灭虫害，保障农作物收益；但对某些人来讲，它因其有毒性还可能成为一种凶器。因此，销售农药类产品时要围绕杀虫除害这一卖点展开并精分用户。

7.2.5 价格对比，让客户看到差距所在

价格，永远是微商和客户双方争论的焦点，价格之争，几乎伴随着每一场销售。然而，这种争议并非不可化解，化解客户对价格的异议须充分了解客户心理，客户认为"价格高"的心理动机是什么。

有些产品，价格高是事实，但对客户而言，他们并不是想向你反映这个事实，真正的想法是"想砍价"，通过交涉得到更多优惠。当你了解到这一点后，就知道在与客户交流时不要过多地争论价格为什么会这么高，而是尽可能地体现产品价值，必要时给予优惠。

对比法是一种非常有效的化解客户价格异议的销售法。即客户因价格高而迟迟不购买时，可采用对比法，将自己的产品与其他产品进行对比，让客户有一种"物有所值"的感觉，如果再给予适当的优惠，往往可说服客户购买。

那么，该如何进行价格对比呢？主要有3种方法：第一种，纵向对比，即

将两个同类的产品进行比较；第二种，横向对比，即将两个不同类产品进行比较；第三种，诱导式对比，即将三个不同层次的产品进行比较。如图7-2所示。

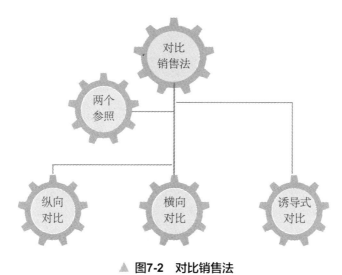

▲ 图7-2　对比销售法

（1）纵向对比

纵向对比是指在同一类产品之间的比较。通常来讲，应该遵循同类产品优先的比较原则，因为同类产品之间很多标准都是相同的，同一标准就意味着参照物相同。我们知道一个事物与另一个事物做比较，必须以其中一个为参照物，而这个参照物与被对比产品之间必须具有共同之处。

有了明确的参照物才可突出自己产品在某方面的优势。不同对比标准体现的客户需求不同，微商可在对客户需求进行了解的基础上确定对比标准，纵向对比一般可按照以下标准进行，如图7-3所示。

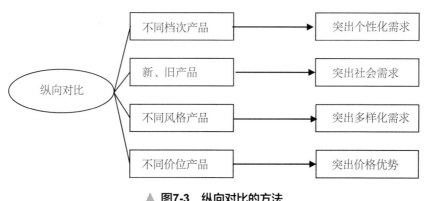

▲ 图7-3　纵向对比的方法

153

（2）横向对比

与纵向对比不同，横向对比是在两个不同类产品之间的一种对比方法。尤其是客户提到竞品时，微商不妨将自己所推销的产品的与竞品做下横向对比，引导客户去认识自己产品的优势，利用优势冲淡竞品在客户心中的印象。

在做横向对比时，有两点非常重要，值得注意。第一，对竞品要有深入、客观的了解和评价。倘若你对竞品一无所知，对比起来难免就会有偏颇，也就失去了客观公正性。第二，要确定明确的、具体的、一致的对比标准。比如，A产品的性能只能与B产品的性能做对比，而不能与B产品的价格、规格、制作材料等交叉比较。有的微商盲目做比较，反而让自己处于被动，产品优势也很难完全展现出来。横向对比的要求具体如图7-4所示。

▲ 图7-4　横向对比的要求

（3）诱导式对比

这种对比是在3个不同层次的对比物之间进行比较。有很多人质疑说，对比往往是在两者之间，有必要加入第三者吗？其实是非常有必要的。心理学上有个诱饵效应，是指人们在不相上下的选项中选择时，会因为第三个新选项（诱饵）的加入，使旧选项显得更有吸引力。

比如，两桶爆米花，大桶的19.8元，小桶的12.8元，这时很多人会犹豫买大桶的还是小桶的，但如果再加入一个中桶的，价格为17.8元，相信有的人会毫不犹豫地选择大桶。这就是诱导式对比。

7.2.6　循循善诱，引导客户自己做出选择

很多微商新人都有这样的尴尬：自己竭尽全力地介绍产品、提供服务，客户却始终不为所动。其实，这很可能是因为用力过猛，反而抢走了客户的选择权。事实上，在赢得客户的信任之后，应该引导客户自己做出购买决定。

那么，应该如何引导客户自己做出购买决定呢？这是有技巧的，具体如图7-5所示。

▲ **图7-5　引导客户做出购买决定的方法**

（1）第一步，放大客户的痛点

在初步了解客户需求之后，不要马上强调产品能解决其问题，而是要进一步放大其痛点。例如，客户在微信中表示自己希望能够去除妊娠斑。微商应该进一步询问："是否做过孕期皮肤保养?是否有照片？"由于有之前的信任基础，对方会发过来照片。在发送照片的过程中，客户会因为直观视觉的感受，进一步自我提醒：妊娠斑真的太难看了！此时，微商再比较委婉地告诉她，现在虽然出现了问题，但只要用了产品，就会让皮肤恢复健康。这样，客户内心的痛苦会得到抚慰，并会期盼产品带来的变化。

（2）第二步，列出解决方案

可以为客户提供两三种解决方案。在列举方案的过程中，应该避免客户直面"买还是不买"的问题，而是让客户考虑结果。

例如，"您是选择现在购买一周期的产品享受优惠，还是按原价先购买一瓶?"许多客户会为了获得优惠而选择前者。当然，方案选项需要经过精心设计。一方面，不能让客户感觉所谓选项只是一种手段，而是要同服务内容相结合，能够从实际出发；另一方面，所有选项在表面上看起来都应有利且合理，但其中最符合营销利益的选项，应当被包装得最吸引客户。

（3）第三步，分析利弊，得出结论

客户希望自己做出选择，是因为他们更希望在思考过程中获知购买产品的利弊。这时候不妨站在朋友的角度，进行分析。分析的方法可以采用先抑后扬法，即列举购买产品的负面因素，然后再陈述产品优势，最后根据利弊分析做出总结，帮助客户意识到获得的利益与付出的金钱相比利益更多，促使客户做出购买决定。

7.2.7 巧用促销品，促使客户立即购买

一提到促销，很多人会马上想到打折、送赠品等方式，这些都是最常用的方法。以书为例，同是经济管理方面的书，且出自同一位作者，如果能在书中加一张讲座光盘，即使价格高一些也会好卖得多。为什么会有如此大的差距？因为光盘能给读者带来附加价值。

销售其他产品也一样，附带一定的促销品能大大增加正品的价值。比如，地产商为招揽客户，提出买房子可获得免费旅游；汽车销售商为提升销量，纷纷推出特别优惠，购车赠送汽车导航及 DVD 系统；等等。对于客户来说，只要能以最少的投入获得最大的回报就会促使其购买。

通过送奖品、礼品来推销产品的策略，正日益盛行。

促销是一种宣传活动，目的在于扩大产品在客户心中的知名度，但任何事物都有其两面性，促销也不例外。它也是一把"双刃剑"，运用得好可以提高产品的销量，运用得不好反而会伤及自身。微商在进行促销之前，一定要方式恰当，目的明确。

促销活动不能没有促销品，促销品通常是指那些印有公司标志，派发给客户的礼品。然而，促销品绝对不是你直接送给客户就完事了，它作为产品的附属品，是公司为了推广产品或者让客户进一步了解公司品牌、产品及最新动态，而特别设置的一种工具。换句话说，促销品要将引导作用发挥到最大。促销品应该具有的4个特性，如图7-6所示。

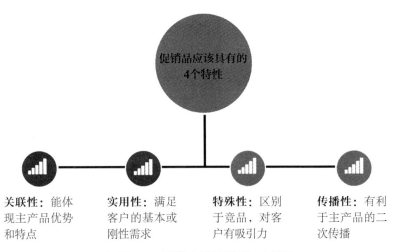

关联性：能体现主产品优势和特点

实用性：满足客户的基本或刚性需求

特殊性：区别于竞品，对客户有吸引力

传播性：有利于主产品的二次传播

▲ 图7-6　促销品应该具有的4个特性

（1）关联性

关联性是促销品第一大特性，即促销品必须与主产品之间存在某种关联，能充分体现主产品的优势和特点。有的微商习惯上随便赠送客户一些促销品，但由于与主产品没有丝毫关系，促销品几乎被客户拿光了，也没有对主产品销售起到任何带动作用。

有这样一位微商，他经营各类酒，却定期或不定期地在促销活动中向客户赠送毛巾，每次促销活动都有很多人参与，毛巾被领走不少，而酒的销量却一直不见长，有的客户甚至不知道这是一个卖酒的商家。换种思路，如果赠送一些酒杯、酒具效果则要好很多。

（2）实用性

促销品在大多数消费者心目中都有着不实用、质量次的不良印象，这是因为很多商家常常用一些劣质的商品来骗取客户一时的好感。促销品可以是一些低价的小商品，但质量一定要过硬。送劣质品还不如不送，一旦让客户察觉促销品有假冒嫌疑，反而会使其对主产品产生质疑。所以，即使是一些促销品也要质量过硬，满足消费者的基本需求。

（3）特殊性

促销品不仅要实用，而且要有个性，越有个性的促销品，越容易激发消费者参与的积极性。例如，现金返还是微商中最常用的促销手段，即消费者买够一定量的产品，将会获得商家返还一定额度的现金。这种情况下，这个现金就可以看作是"促销品"，那么这个促销品如何更有新意却是值得思考的，如果只是单纯地返发红包，比额度大，你5元，我8元，毫无意义，但如果你返还人民币，我返还美金，则绝对有竞争力。这就是促销品的特殊性的特性，直接决定着消费者参与的兴趣和积极性。

（4）传播性

促销品，归根结底是为促销活动服务的，因此促销品要具有传播性的特性，尽可能地引发主产品的二次传播甚至是多次传播。现在的二维码是个很不错的方法，在促销品上印二维码有利于重复传播，但我们认为这是强加上去的，其实还有一些产品本身就具有传播性，也就是说，消费者或消费者身边的人都愿意帮你传播，比如，图书、音像品等。

7.2.8 选择正确的促销方式

客户的需求是千变万化的，面对同一产品，他们的要求是不一样的。因此，需要根据客户的消费特征进行分类，根据分类再采取不同类型的促销活动。促销活动的类型如图7-7所示。

联合促销　促销手段　游戏促销

会员制促销

▲ 图7-7　促销活动的类型

（1）联合促销

联合促销是低成本促销最有效的一种方法，能用较小的成本获得较大的效果。它是指两个或两个以上的商家，针对某一特定的产品进行交换，共同面对消费者的促销方式，以达到优势互补，互通有无。通过优势互补，使促销费用由多家承担，从而也就降低了投资成本，实现共赢。这种促销方式主要包括同行业之间的联合、跨行业之间的联合，以及经销商进行联合等。在运用这种方法时，需要注意的是，进行合作的双方必须具备相同或相近的目标市场，否则很难充分发挥各自的优势，形成优势互补。

（2）游戏促销

这种促销方式是指经营者利用一些奇巧构思，通过妙趣横生的游戏或竞赛吸引消费者参与进来，并利用这个机会把企业信息或者产品信息传达给消费者。这类促销方式以趣味性、娱乐性为主。

比如现在流行的广场秀，设计者总会设计一些游戏让观众参与，举例提问"一分钟谁重复的店名多""一分钟内说出产品的十大卖点"以及诸如拼图游戏、搭积木比赛、跳棋比赛、猜字谜等。这些游戏的设定真正的目的不是比赛，而是通过比赛让参与者更深入地了解企业，了解产品。

这种促销形式新颖，规则简明，也能很大程度上吸引儿童、年轻女性的购买欲望，优势在于寓教于乐，在给消费者带来娱乐的同时，也增强了消费者对品牌的认知度。

（3）会员制促销

会员制指的是商家以制度的形式成立一个正式的或非正式的组织，向组内的成员承诺一个或多个利益点，从而实现组织与个人利益最大化。人作为社会群体的一份子，在心理上有一种团体归属感，很多商家便充分利用这种心理，运用会员制促销方式。

"会员促销"是一种全面、综合的促销活动，通常消费者只要交纳一定的费用，或者购买了一定量的产品就可成为长期会员，从此，享受该公司定期制订的购买优惠。会员制促销是汇聚大多数人的力量，集中起来搞推销，是节省资金、扩大销售的一种非常好的形式。但是在建立会员制之前，事先必须有严谨的组织筹划、清晰的目标，否则，极易导致计划流产或在具体实施过程中出现不必要的麻烦。

在商业领域内，追求利益的最大化是铁的法则，降低成本、提高利润是每个创业者孜孜以求的目标。在销售过程中，要先给消费者提供更物美价廉的产品，最大限度地满足客户需求。

7.3

化解客户购买异议

任何交易都会伴随着客户的诸多异议，也可以这么说，任何交易都是在异议中成交的。由于微商的特殊性，客户在购买产品时，异议可能更多，比如，质量问题、价格问题、付款问题……，对于卖方而言，只有顺利解决这些问题，才能促使买方顺利付款。

7.3.1 客户以没有需求拒绝怎么办

很多微商都被客户以没有需求为由拒绝过，其实这是非常正常的，这种现象不止出现在微商销售中。据调查，在所有推销中，这是客户使用最多的拒绝托词。然而，更可悲的是当客户这样说时90%的推销人员因此而停止了继续推销。

我们先来了解一下客户为什么会这样说，其主要动机有两个：第一，对你和产品不信任；第二，这是惯用的一种试探心理，企图以此获得更多的筹码。每个客户潜意识里都有某种需求，但通常不会直接表达出来。

因此，微商在卖货时只要抓住这两点就不用有太多顾虑，能识破其动机，巧妙地激发出客户内心的需求即可。优秀的微商都善于挖掘客户的真实需求，没需求也能制造需求，化不可能为可能。当客户提出"不需要、没需求"这样的拒绝言辞时，既不要强行追问，更不要干脆离开。正确的做法是积极引导，努力让客户多说话，然后适时抓住突破口激发需求。

为了更好地对客户潜在需求进行挖掘和激发，微商可以从以下3个方面入手去做，如图7-8所示。

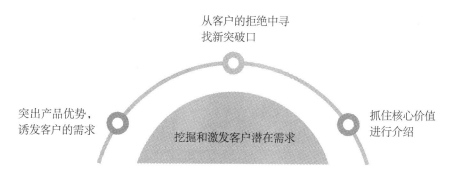

▲ 图7-8　挖掘和激发客户潜在需求的3点做法

（1）突出产品优势，诱发客户的需求

产品的优势是诱发客户需求的重要因素，当客户以没有需求为由拒绝时，要想办法从产品本身入手，找到产品的优势所在，利用优势去促使客户下决定。就像推销保险一样，你不能单单告诉客户保险能提供生活保障、安全保障等常规功能。它的一些特殊功能对客户来讲更有吸引力，比如，用于投资、资金代理等。

（2）从客户的拒绝中寻找新突破口

当遭受客户拒绝时还有一种很实用的方法，即将计就计，利用客户的拒绝或不满，寻找新的突破口。微商应该注重客户的每一个拒绝和抱怨，然后把这些拒绝和抱怨清晰地记录下来，并加以分析。只有接受客户的拒绝和抱怨，才能更准确、更及时地发现他们的新需求。

（3）抓住核心价值进行介绍

一款产品之所以能区别于其他同类产品，最根本的不同之处在于核心价值不同。简单地讲，就是产品的独特之处。任何一款产品都有其自身的核心价值，这也是产品能打动客户的真正原因。

比如，棉衣最核心的价值是抵御寒冷，遮阳伞最核心的价值是遮挡阳光，客户在购买时一定最急于想知道棉衣的保暖效果，遮阳伞的遮阳效果。所以，当你在介绍棉衣时只要突出"保暖"、在推销遮阳伞时突出"遮阳"这些利益点即可促使客户动心。相反，你如果大肆渲染棉衣的款式、颜色，遮阳伞的廉价等等，难免会遭到拒绝。

产品的核心价值是最大的利益，是打动客户购买之心的真正原因。因此，销售人员必须明确自己所推销产品的核心价值，并将这个核心价值透露给客户。

7.3.2 客户质疑产品质量怎么办

现在的微商市场充斥着诸多假冒伪劣产品，质量不合格的产品，且真假难辨。因此，客户质疑产品质量是困扰微商最多的一个问题。当客户听完介绍之后往往会不禁问一句："质量有保证吗？"千万不要轻视这样的话，这表明对方对你的产品极其不信任，处理稍有不当就会成为拒绝购买的导火索。

遇到客户怀疑质量问题，很多微商不是哑口无言，就是对客户进行挖苦、打击，一副时刻反击的样子。客户对产品质量质疑是一种非常常见的现象，毕竟质量是决定产品是否有价值的主要因素。对于一位消费者来说最为关注的就是产品质量。

那么，遇到这种情况该怎么办呢？一定要用事实说话，让客户知道"我们产品的质量是可靠的"。具体做法如图7-9所示。

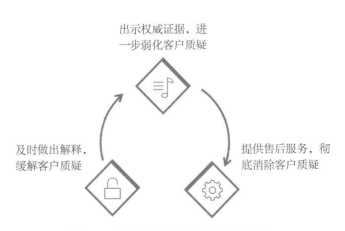

▲ 图7-9 破解客户对产品质量质疑的方法

（1）及时做出解释，缓解客户质疑

面对客户对质量的质疑，微商应及时回应，可以先站在他们的角度理解他们的担忧，目的是先稳定其情绪，然后再逐步纠正他们的偏见。

比如，你可以这样说："我理解您的担忧，以前有许多客户也有这种顾虑。但我可以负责任地告诉您，我们的产品是全国统一销售，质量绝对是有保障的。之所以出现价格不同的情况，我可以解释一下……"接下来，如果语气足够诚恳，态度足够好，一般的客户都可以接受。

（2）出示权威证据，进一步弱化客户质疑

为客户做出一番解释之后，对于一些有权威认证或者有确凿说服力的产品，微商可以拿出相关证据来进一步证明。让客户看到实实在在的证据，完全消除他们心中的疑惑。

当客户问："这个产品是新上市的吗，我之前不了解这个品牌，质量不会出什么问题吧？"

你可以这样说："绝对没问题，这是产品质量认证书，还有相关部门的认证，这么多年来没有一款产品出现质量问题。"或者说："你看，产品上都印有我们公司特有的防伪标志，仿品是绝对没有的，你可以根据防伪标志加以鉴别。"

（3）提供售后服务，彻底消除客户质疑

在产品销售过程中，都有一系列与之相配套的售后服务，这些售后服务是厂家为保障客户利益专门设计的一些措施。很多客户对有完善售后保障体系的产品信心很大，这在很大程度上坚定了他们购买的决心。所以，在推销的时候，微商就要善于充分利用这一点，在介绍完产品之后，要详细地介绍售后服务及维修条款。

比如，客户问："现在的电子产品都不可信，这台充电宝怎么样啊？"

你可以这样说："质量绝对没问题，而且商家有强大的售后保障措施，您看看，有任何问题随时可以来调换，三个月包换，三年免费维修。"

7.3.3 客户担心使用效果怎么办

安全性是客户在购买微商产品时比较担忧的问题之一，比如，有没有副作

用，使用效果好不好等，尤其是新客户通常都会认真考虑这些风险。对于这个问题，大可不必刻意回避，因为客户的担忧是由微商产品比较小众化的特点决定的，大多数人了解比较少。因此，需要你特别注意说话技巧，从内到外给客户相应的安全感，千万不可一句话或寥寥数语应付了事。具体做法如图7-10所示。

▲ 图7-10　破解客户担心使用效果的方法

（1）坦诚告知存在的风险

微商高手不会任由客户担心风险，他们并不会回避产品使用的问题，而是从长远角度考虑。客观来看，许多产品由于用法不同、个人体验不同，确实存在一定的风险。因此，微商必须和客户说明这些风险，保证他们的安全。如"由于产品是中草药成分，所以必须要有对应的饮食讲究，否则很难发挥作用"等提醒话语，会让客户感到微商确实在关心他们的安全，而不是只想着赚钱。坦诚告诉客户关于产品的一切，包括可能出现的问题，并提醒他们在使用过程中注意，这才是真正的应对之道。

（2）给客户心理上的安全感

如果客户表现出对产品质量的担心，不妨在心理上给予他们应有的安全感。例如，建议客户先购买少量产品试用；如果客户想要升级为代理，要主动了解他们的经济能力，帮助他们选择合适的进货渠道；向客户解释规则，承诺退换货的可能；帮助他们看到损失的底线，如"效果因人而异，但肯定会有改善"等。这些方法都能让客户避免过多担忧，实现双赢。

（3）用事实说服客户

客户担心产品质量不佳，从某种程度上说明了微商前期铺垫工作不足。当客户表露出害怕情绪时，你应该立即用事实去说服他们，比如老客户的使用经历、效果、企业的承诺与保证、以往的销售数据等。

7.3.4 客户说别家的便宜怎么办

微商产品由于小众化、个性化比较强，因此，与市场上的那些常规品牌相比，价格偏高。鉴于此，客户指出别家产品更便宜的情况非常多。

对此，微商新人可以这样做，先认可客户的观点，尊重他们的质疑，说明价格区别是基于事实的，随后介绍产品优势，指出差异，让他们有所了解。具体的方法如图7-11所示。

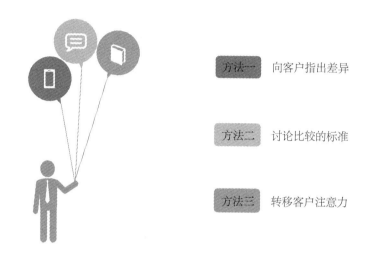

方法一　向客户指出差异

方法二　讨论比较的标准

方法三　转移客户注意力

▲ **图7-11　破解客户价格异议的方法**

（1）方法一：向客户指出差异

例如，"有些产品和我们的产品外观差不多，但是体验是不同的。我觉得，我们这款产品更适合您。"这种说法将产品同客户的自身利益联系起来，且可指出竞品的不合适之处，当然，不要有意贬低竞争对手，涉及质量高下之分。

（2）方法二：讨论比较的标准

如果客户提出别人家产品的价格便宜，那么微商可以谈论比较的标准。例如，"您是否能告诉我，他们为什么会定价较低呢?"这种方法的好处在于，如果客户只是道听途说，并没有依据，很可能就会因此而怀疑其他商家的定价依据。如果客户指出原因，你也能进一步获得信息，并从中找到有利于自身的依据。

（3）方法三：转移客户注意力

当客户在谈论其他商家的产品价格时，他们的注意力集中在具体数字上。此时，微商首先应该认可他们的说法，感谢他们的善意，并表示自己实际上放弃了价格优势。例如，"是啊，价格便宜几十元，客户数量就会多不少。这个道理做微商的都明白。"当客户接受你的上述说法之后，再转移客户注意力："那么，为什么我们不能降价呢？除了产品本身质量之外，我们还需要用利润维持强大的客服团队，还要打造精心的服务体验。例如，我们的物流是同××公司合作，这是全国非常好的物流公司之一；我们的产品包装是用××材料，比一般外包装更加坚固耐摔；我们还定期举行客户反馈活动，请知名专家来为客户进行培训、讲座……"

列举这些产品之外的利益，等于帮助客户将观察范围拓展得更宽。这样，客户就会意识到付出较高价格，不仅能获取好产品，更能换来超额的服务利益。

7.3.5 客户推托下次再买怎么办

"今天不买了，下次再说吧！"这是微商销售中最常听见的话语。客户说下次再买，背后的原因并不简单：少数人表达的是真实想法，而大多数情况下，他们只是在找托词。面对托词，微商必须进行适度"逼迫"，让客户无法寻找借口，具体做法如图7-12所示。

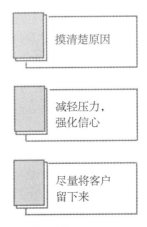

摸清楚原因

减轻压力，强化信心

尽量将客户留下来

▲ 图7-12　破解客户推托下次再买的方法

（1）摸清楚原因

面对客户的推托，微商新人常会就事论事，但却很难说服对方，而且还容易让自己陷入被动。例如，客户说："下次再买吧，现在微信钱包里没有钱。"微商新人的回应通常是："那您可以用网银充值啊！"结果，客户依然能找到借口推托，并很可能感觉销售者过于急迫，从而真的终止购买。

这里有个细节需要特别注意，大多数客户在推托"下次再买"时，紧接着会说出不买的原因，比如"暂时不需要""没时间""钱不够"等。这恰恰为我们继续沟通埋下了伏笔，这时可顺势问清楚原因，针对不同的推托原因实施不同的应对策略。

尽管很多时候这些原因只是个借口，但也可进一步增进交流，因此大可不必再纠结于具体原因，而是要找到客户不愿意马上付钱的根源。例如，可以进一步询问"您是不是对产品还有什么不满意的地方""是不是我还有什么没说清楚的呢"等。

（2）减轻压力，强化信心

某些客户一开始就强调自己今天不会买，只是了解一下。其实，这种客户对产品并非没有兴趣，而是担心买到不合适的东西。

因此，可以先赞同对方的观点，以减轻其心理反感情绪，可以说："是啊，买产品确实要慎重。今天买不买没关系，您可以先了解一下产品的基础知识，这样以后您也能心中有数。"客户会因此感到释然，不再纠结于是否要马上购买。

在随后的沟通中，就可以做一些有利于强化对方信心的行为。例如，多向客户列举产品获得的肯定，如来自其他客户的反馈、获奖证书、荣誉展示等。需要注意的是，只需要单纯向客户列举事实，不用将其和客户是否应该购买联系起来。这样，客户会在不知不觉中认同你对产品的高评价。

（3）尽量将客户留下来

有时候，客户会用"还想去其他家（淘宝、实体店、微商）看看"的借口，来解释自己为什么不想马上购买产品。此时，微商需要的是及时将客户的注意力留在自己身上。例如，你可以提问："您是不是对我的服务不满意？"客户经常会回答："不是，是我还没有想好（或是价格太贵了）。"此时你可以进一步拉近感情："是啊，买到一款自己喜欢的产品不容易，我认识您也是缘分，看还有什么要求，请直接告诉我，我会尽量让您满意！"

如果客户仍然表示自己没有喜欢的产品，你也不必强势强留，可能客户真的没有购买之意或者想多考虑考虑。这时，最好的办法就是顺势预约下次沟通时间，创造下次沟通的机会。

7.3.6 客户嫌产品贵怎么办

在客户的诸多异议中，有一种是最令微商头疼的："产品挺好，就是价格太贵了，能不能便宜一点？"面对这样的问题很多人不知道该如何答复，尤其是价格明明在合理范围之内。这时可采用以下4种方法，如图7-13所示。

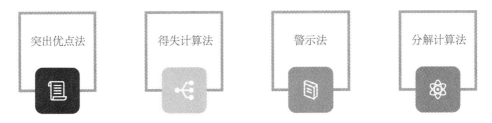

▲ **图7-13　破解客户嫌产品贵的方法**

（1）突出优点法

让客户知道产品贵有贵的理由，对产品的优点进行汇总突出，弱化价格对客户造成的压力，例如，"产品贵，是因为成本高，采用了纯天然的原材料，现在在市场上已经卖到×××元了……"

（2）得失计算法

向客户列举花这些钱得到的利益、服务、体验、产品附加值等。同时，从侧面告诉客户，如果少花钱可能损失的东西更多，因为少花钱而造成损失是一种巨大的遗憾。

（3）警示法

提醒客户不要贪小失大，有些假冒伪劣产品，品质不好的产品可能会便宜些，但潜在风险也大。比如："面膜可是敷在脸上的。如果想要低价，万一买到的是假货怎么办？到时候皮肤出现问题，有可能还要花大价钱治疗，何不现在一次投资到位呢？"

（4）分解计算法

将产品价格同其他日常生活用品相比，从而降低客户对数字的敏感性。例如，"这款洗护套装要600多元，平时您买一件衣服也要这么多钱吧，衣服最多穿一两季，而好的洗护套装能维持你长久的健康。您看哪个划算呢？"

还可以将价格数字化整为零。例如，一套产品上千元，从整体上看让客户感到比较贵。不妨将其平摊到使用时间："一套产品能使用3个多月，平均看来一天也就十几元钱。每天只花费这么多，就能换来美丽的形象，有什么不好呢？"这样，数字变小了，客户对产品更容易接受了。

7.3.7 客户问能不能退换货怎么办

对于这个问题，原则上是可以马上答复对方的，但是千万不可直接说可以或不可以。因为对于退换货，每家微商企业都有自己的详细规定，一切需要按照规定、流程严格执行。然而，很多微商新人在处理这个问题时，很容易表现出偏情绪化的服务态度、语气和方式，反而使问题复杂化。

不妨看看微商高手在面对同样问题时，都是如何应对的，如图7-14所示。

> **具体情境：当客户弄坏产品要求退货时**
>
> **客户：** 你们的产品质量有问题，我要求退货！
> **微商新人：** 这不是我们产品的问题，对不起，我退不了！
> **微商高手：** 不好意思！不过这似乎是因使用导致的，类似情况我们也碰到过。站在您的角度我也很理解您的心情，只是这确实无法退换了。要不，我送您一张优惠券吧？

> **具体情境：无理由要求退货时**
>
> **客户：** 我对拿到的货不满意，必须要退！不接受更换！
> **微商新人：** 不好意思，我们规定只能换不能退。
> **微商高手：** 在我能够负责的范围内，我一定会给您处理，因为您花了钱，就是我们的客户。这样，我再挑选几款产品给您看看，您满意再说。

> **具体情境：客户质疑获利时**
>
> **客户：** 你们当然不希望退货了，退货你拿不到提成！
> **微商新手：** 这不是提成问题，是公司不允许啊！
> **微商高手：** 是的，做生意是为了赚钱，但您如果不开心，我不是会损失更多业绩吗？所以我一定会为您解决问题的！

▲ **图7-14 产品被要求退货的3种情境应对**

在上述情境中，微商新手总是被客户的说法所误导，错过了体会对方情绪、表达自身立场的时机。相反，微商高手既能尊重对方情绪，又能够按照规定维护本方利益。事实上，客户的退换货条件如果符合标准，微商当然应该无条件做好服务，但如果有其他情形，就要采取正确的处理措施。

（1）事先确定标准

微商必须在客户付款之前，事先沟通好退换货标准。如果已有下属团队，则需要在培训中予以明确。否则客户在提出退换货时才了解标准，则会质疑微商信誉。可以向客户事先说明：如果是生鲜等保质期较短，或只能一次性使用的产品，原则上会拒绝退换；服饰类、玩具类等产品，如果标牌保存完好，在3～5天内可以协商退换；其他产品则可以根据微商自身进货情况来制订标准。

（2）事中巧妙应对

如果客户的退换货理由属于明显的"无理取闹"，微商就更要保持良好的态度来应对。在文字上选择比较中性的词语，如果是发语音，则语速不能急促而应平缓温和。这样，客户或多或少就会感到内疚，并接受微商的建议。即使最后未完成退换货，他们也依然会对微商保持良好印象。

（3）事后良好服务

如果是必须接受的退换货，微商应该一开始就表露出良好的服务态度，用正常的执行速度完成收货、退款等流程。此外，应该及时向客户反馈其投诉、抱怨、牢骚等相关内容，表明自己处理问题的诚意，从而防止客户负面渲染。

7.3.8 客户要求先发货后付款怎么办

众所周知，在目前的市场环境中，绝大多数微商交易都是先付款，随后再发货。但这也为正常交易带来了很多问题，最大问题就是客户对此有所怀疑。有些客户虽然非常看好产品，但却坚持先发货再付款。如果因为是先发货还是先付款问题导致交易失败，显然有些可惜。

那么，针对这样的客户，该怎么办呢？具体做法如图7-15所示（如果你的公司允许先发货后付款，可以忽略此方法）。

▲ 图7-15 破解客户不合理要求的方法

（1）向客户解释原因

一些客户之所以对"款到发货"有所质疑，原因在于不太了解微商的管理结构和公司内部规定。对此，在不违背公司管理原则的基础上可以适当透露原因，向客户解释清楚。例如，公司对货款有明确规定，自己作为代理商拿货也必须先交款等。

（2）说明消费程序

有些客户提出这样的异议，是由于对微商诚信缺乏了解，担心一旦付款拿不到产品怎么办。对此，微商就要尽可能地消除他们的这种担忧，向其说明消费程序，让他们看到所有的客户都是这样的，一视同仁。也可以将自己与老客户交易记录展示出来，重点标注出老客户何时打款、产品何时发出，以及老客户拿到产品之后的语音或文字反馈。

（3）信用背书

对于他人转接来的客户，可以有效利用介绍人的信用作为背书。比如，"你是从×姐那知道我家产品的吧，她在我家买了很多东西，都是货到付款。"由于这类客户与介绍人之间大都有一定的社交基础，这种关系就很容易成为有效的信用背书。

（4）适当"诉苦"

社交化零售的实质，决定了微商也可以站在朋友的角度，适当向客户"诉苦"。微商可以通过语音或文字，向客户表达自己的无奈："您只是一份货款就会担心。我每天会发出去几十份货，万一都要求先发货，那就太麻烦了。"这样，客户就会意识到你承担的风险实际上更大，进而基于同情和理解，接受先付款再发货的条件。

第8章

微商文案的策划与撰写技巧

如果说传统营销时代，文案只是展示产品的一种手段，那么，在微商时代，文案则是沟通买卖双方心灵和情感的桥梁。因此，在微商交易中，微商文案的地位和作用非常重要。那么，如何写出富有创意的文案，本章将从策划和撰写技巧两个方面入手，进行详细的介绍。

8.1

文案的价值

微商交易是基于网络技术和社交平台的一种虚拟行为，对社交平台的依赖性比较强。买卖双方很少谋面，所有的沟通交流基本上都是在虚拟的网络世界。因此，所有的微商产品基本都是靠文案传播出去的，而消费者从对产品了解到购买也都是靠文案。所以，微商文案在微商交易中的地位和作用非常重要。

好的文案有助于客户进一步了解我们，消除客户的心理隔阂，激发其产生购买欲望。文案的价值主要体现在以下3个方面，如图8-1所示。

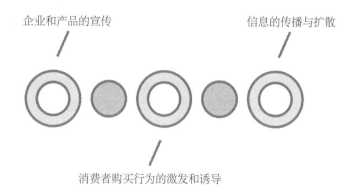

企业和产品的宣传　　　　信息的传播与扩散

消费者购买行为的激发和诱导

▲ 图8-1　文案的价值体现

（1）企业和产品的宣传

文案是通过扩散和传播来辅助产品销售的，扩散和传播的范围越大，涉及的阅读群体越多，越有利于产品的销售。我们知道，客户对一个微商的了解，往往都是从一个好的文案开始的。一个好的文案可以引发消费者对企业、产品美好的愿景和向往，而一份美好的愿景和向往可促使消费者对企业、产品产生更多的信任，这些信任最终则转化为购买力。

另外，文案不但在企业、产品宣传上发挥着重要作用，而且在代理商招募方面也有很大的作用。因此，做微商一定要重视文案，用最好的文案征服客户、征服代理商。

（2）信息的传播与扩散

做微商最终的目的是为了产品的成交，而成交的前提是信息大范围的传播。以前做产品广告，是在报纸或是电视这样的媒体上进行有偿宣传，现在大家都在微博、微信朋友圈等社交平台上分享。这样的广告为什么大家都乐于传播呢？这就是文案的价值所在。

无论哪种渠道，核心都是在做文案，在互联网时代，文案则成为电子信息传播的重要媒介，文案质量的高低，直接决定着信息的传播质量，决定着消费者买不买你的产品。

（3）消费者购买行为的激发和诱导

消费者对某一产品的需求往往是潜在的需求较多，这种潜在的需求与现实的购买行动有时是矛盾的。文案造成的视觉、感觉印象以及诱导往往勾起消费者的现实购买欲望。有些物美价廉、适销对路的新产品，由于不为消费者所知晓，所以很难打开市场，而一旦进行了广告宣传，消费者就会纷纷购买。

8.2

文案的构思

文案能否受读者欢迎，能否真正助营销一臂之力，关键就在于文案构思是否有足够的创意。而决定文案创意的往往就是写作视角，角度决定创意，只有先确定写作视角，并找到其特性，以及与同类文案的差异性，才能确定创作方向，写出别具一格的文案。

8.2.1 选择写作视角

文案的写作视角有哪些？一般有3种写作视角，分别为物的视角、人的视角、第三者的视角，如图8-2所示。

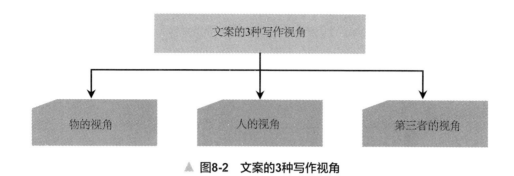

▲ 图8-2　文案的3种写作视角

　　我们以一个装修公司为例，如果该公司想写一篇宣传自己的文案，可从哪些视角入手呢？

　　首先，是人的视角，可从公司自身或装修从业者的角度直接写，如《干了5年装修，结果……》；可从业主的角度来写，如《装房子装来一个准女婿，目前婚礼筹备中》。

　　其次，也可以从物的视角去写，如写装修的材料、房子本身等，这样的文案也经常看到，如《你不知道的硅藻泥》《50平的房子这样装，空间大了一倍》等。

　　最后，还可以从第三者的视角去写，如媒体、同行、厂商、销售商家等，这类文案往往不会直接涉及企业信息，但可通过文字、图片、音频等植入的方式植入到正文中去。

　　任何一篇文案都可以从以上三个不同的视角去写，且同一视角还可以继续细分。如《装房子装来一个准女婿，目前婚礼筹备中》，这是瞄准了业主的情感方面，其实还可以从业主的装修体验、经历、经验总结等方面去写，这样一来就又可延伸出更多的文章。

　　通过以上分析得知，我们在构思文案时，可着重从物、人、第三者3个方面去考虑，当然需要结合企业的实际、产品的特征以及客户需求进行。

（1）以"物"的视角来写

　　一般来讲，有特定产品的，或者产品较有特色的，首选物的视角，即围绕产品本身去写，如产品的产地、价格、品牌影响力、特色以及其他优势等。采用这种方式的文案，目的就是突出产品特色，宣传自己，让用户了解这款产品的功能。正因为产品具有新、奇的特点，直接写出来更能让用户切身感受，在好奇心促使下，很多用户愿意选择接受。

（2）以"人"的视角来写

以提供服务为主，或者带有较强体验性的产品，可以从人的视角出发，着重从客户层面去写。如银行、酒店等服务性行业，养生按摩、美容美发、美食餐饮、药、茶、酒等。

以人为中心，这样的写作视角更容易打动消费者，鼓励消费者参与到其中来带动消费。

（3）以"第三者"的视角来写

前两种写作视角，无论是以产品为中心，还是以消费者为中心，都带有一定的情感倾向。设想一下，如果一篇文案中大量在讲我们的产品如何如何，企业信誉如何如何，将很难有说服力。无论说的内容是否属实，都会给人一种"老王卖瓜，自卖自夸"的感觉。如果事事要消费者现身说法，也会有"水军"的嫌疑。为避免这种情况，这时可以找一个更客观的角度来写，即第三者。所以我们在撰写文案时不妨以第三者的身份，用一个置身事外的第三者的眼光来看待、评判，从而客观地体现产品的优势和卖点，让用户产生购买的冲动。

从第三者角度写文案关键是客观、公正，不偏向不袒护任何一方。尤其是在文字表达上不能表现出偏爱，也要避免过多地发表自己的观点，过多地显示出自己的情感，否则有种以偏概全、以点带面的感觉，会让读者产生质疑。

综上所述，撰写一篇文案可以从不同的视角去构思，结合自身条件、发布平台，以及目标群体需求选择最合适的视角，这样才能最大限度地发挥文案的作用，吸引更多的读者。

同时也要注意一点，既然一篇文案可从不同的视角，或同一视角的不同方面去写，那么在具体构思时自然也可以采用组合式写法，做成系列文案。即同一主题下，同时出现两篇或多篇不同视角的文章，这样的组合文案更有利于从不同层面去触动读者。

有人可能会问，需要这么多吗？需要搞这么复杂吗？当然需要，非常需要！买2元钱的矿泉水，消费者凭感觉就选了，但一旦涉及大金额，比如买车、买房、整形美容，就必然会认真研究思考。这时单一的视角就不行了，因为大家都在写，写出的东西也大同小异，读者看过几篇就迅速翻页了。

8.2.2 确立文案主题

文案都有独自的主题或主旨。所谓主题、主旨就是该篇文案所要表达的思想、观点和中心意思。也就是说，写这篇文案目的何在，想要向读者传达什么样的信息。主题是贯穿全文的主线，它犹如串珠子的线，将每粒珠子紧紧地串连在一起。

有人说，确定文案的主题也是在做营销，这样说没错，但营销并不只是确定文案主题，它只能说是我们撰写文案时的一个起点或落脚点。具体到每篇文章中时，不能千篇一律，否则如何体现差异，吸引消费者？因此，在具体的文案中我们还需要确定不同的主题。

那么，微商文案的主题有哪些？通常可从以下4个方面去定位，如图8-3所示。

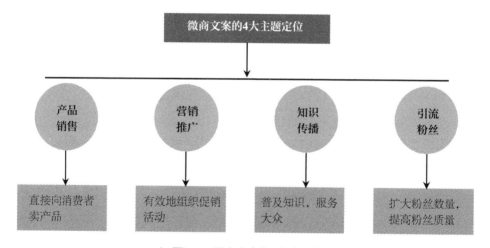

▲ 图8-3　微商文案的4大主题定位

（1）产品销售——直接向消费者卖产品

企业接轨微信最主要的一个目的就是展示、宣传自己的产品，让更多的消费者认识、了解，进而拉动销量。因此，很多企业首要任务就是将微信打造成一个品牌、产品宣传的平台，所发布的文案也都时刻围绕着品牌、主打产品及相应的服务进行。

（2）营销推广——有效地组织促销活动

与微博、QQ一样，对于企业而言，微信是一个营销平台，借助这个平台用文案来展开营销活动。在微信营销中，文案对组织产品的促销活动，扩大产品在消费者心中的影响力、知名度有着重要的推动作用。如举办产品发布会、在节假日搞促销活动等，都可以先写一篇文案。

利用文案搞促销，最大的优势是可以充分利用读者的碎片化时间，同时以图文并茂、声音、图像等形式综合性地去展示。再加上如果有好的创意，将视觉享受与购买行为完美地结合在一起，则更容易让读者一见钟情。

（3）知识传播——普及知识，服务大众

文案既然可以成为企业产品展示、促销的工具，那么是不是可以进一步设想，如果把它定位为一个供消费者学习、交流与沟通的知识性平台会不会更好？如果这样，企业便可以全方位地展示自己，更深入地与粉丝交流，强化粉丝对企业、产品的忠诚度。

目前类似的做法非常多，很多企业努力将自己的公众号平台打造成一个知识聚集之地，向消费者主推相关知识。这是符合趋势的，因为消费者看文案不仅仅只是为了购买需求，还有获取信息、体验乐趣，或想了解产品有关的知识等。

（4）引流粉丝——扩大粉丝数量，提高粉丝质量

在互联网时代，尤其是移动互联网时代，粉丝逐渐成为一个热词。无论是网站，还是自媒体都在拼粉丝。因为粉丝就意味着巨额的利润，有了巨大的粉丝量，就有了巨大的盈利空间。微商变现一定首先是流量的变现。因此，微商必须将重点放在流量上，以扩大流量规模、提升流量层次、丰富流量内涵为主要经营方向。

那么，如何扩大流量呢？最常用的一个技巧就是引流。即通过发布文案集聚粉丝量，提高自己的人气。然后再将这些粉丝引流到自己的淘宝店、微店及某些特色店铺中，从而达到扩大销售的目的。在这个过程中文案充当着重要角色，起着重要的引流作用。

8.2.3 影响文案主题的两个因素

明确了文案的几个主题类型后，在具体写作中就需要先确定一个明确的主题，然后再根据这个主题搜集资料，进行构思、决策。在确定用什么样的主题上，通常需要考虑以下两个影响因素。

（1）受众群体

先确定受众群体。一篇文案都有其特定的受众群体，因此，在写一篇文案前必须明确是针对哪类人群的，这类人群有什么心理特征、消费习惯、购买习惯等。然后总结这类群体的需求，抓住痛点，将他们的痛点提炼出来作为主题。

中国人保为了吸引用户在该公司购买车险，曾在微信公众号中推送了这样一篇文案：《今年这么上车险，猜猜你能省多少？》。单从标题上看，就已经非常吸引人了。而在开篇则更是刺中部分人的痛点，"堵车、雾霾、单双号！剐蹭、碰瓷、停车难！"这个开头可以说是直指人心，抓住了车主的多方面需求，相信每位车主面对这些都倍感压力，都想要为自己省去一些麻烦。这时，中国人保适时地给用户呈现了一个促销活动："20××年免费上车险，送大礼"。这个活动才是这篇文案的主题，为用户提供雾霾、限号、剐蹭、停车难等问题的解决方案。

（2）企业实际需求

很多时候，企业也好，管理层也好，并没有给文案的主题做出明确的规定，只是对文章内容规定了一个大致范围。这时，我们就无法直接确定中心，而需要根据企业的实际需求、已掌握的材料进行整理和分析，然后弄清这次营销活动所要表现的实际意义，最后再确定内文的中心。

在这种情况下，我们头脑中通常会积累很多材料，这些材料有很多是具体的、形象的、生动的。当我们决定选择某个材料时，就需要从材料中进行总结归纳，从而确定主题。

8.3

文案的撰写

引流、找客源、写文案，这是微商新手前期必须要做好的3件事情，其中写文案最简单，也最讲究技巧性。本节我们就详细了解一下微商新手应该怎么写文案。现在微信朋友圈中有很多微商广告，但很大一部分会被客户屏蔽掉，为减少这种现象发生，写出高质量的广告文案就非常重要了。

8.3.1 文案撰写原则

文案作为一种商业性文章，不同于文学类文章，在撰写时不能随意发挥，而要遵守很多原则，严格按照要求来写。文案撰写的具体原则如图8-4所示。

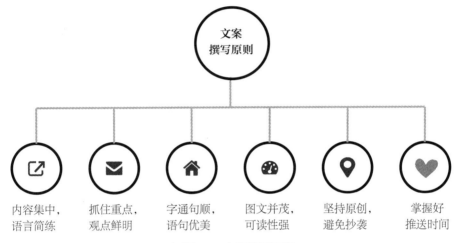

内容集中，语言简练　　抓住重点，观点鲜明　　字通句顺，语句优美　　图文并茂，可读性强　　坚持原创，避免抄袭　　掌握好推送时间

▲ 图8-4　文案撰写原则

（1）内容集中，语言简练

微商文案的内容必须集中，需用言简意赅的语言精准表达。因为，每个人阅读这类文章的时间和精力非常有限，文案过于繁杂不但无法准确地表达想要传达的信息，关键是无法吸引客户眼球。

很多微商新手每天都会不断地发广告，这样一味地发是没有什么效果的，因为客户不会认真地逐字逐句地去看，甚至还会直接忽视，也正因为此，尽管他们花在文案撰写、推广上的时间很长，也很难有较好的转化率。

（2）抓住重点，观点鲜明

一个文案只能表达一个意思，也就是说，你所写的文案要主次分明，想表达什么观点就直接表达出来，不要写很多不相关的文字。要知道，任何一句多

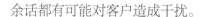

余话都有可能对客户造成干扰。

（3）字通句顺，语句优美

这是特别考验语言功底的一条，有很多微商写的文案语句不连贯、不通顺，给人的阅读体验非常不好，甚至有可能误导对方。这样的文案，何以吸引客户？所以，在撰写文案时一定要字斟句酌，即使区区百字，抑或几十字，也必须反复琢磨和推敲，写完后要自检一遍，大声读出来，自己先感觉一下你的文案是否有吸引力。

（4）图文并茂，可读性强

当用文字无法清晰、完整地表达出所想表达的意思时，可以配图片。比如，卖面膜的微商，可以配发用户使用该面膜后的皮肤效果图，这往往会给潜在客户比文字更大的冲击力。

需要注意的是配图要有针对性，每张配图必须围绕文案主题，必要时可进行修图处理，让图片看起来美观，这样会为你的文案增色不少。

（5）坚持原创，避免抄袭

微商文案最忌讳的就是直接复制和转发他人的内容，这样的文案立马会给人"很假"的感觉。因此，撰写文案时一定要坚持原创，除有必要进行复制或转发外，不要轻易这样做。如果能坚持写最具特色、最具有个性观点、别人无法写出的文案，自然会吸引客户去看。

（6）掌握好推送时间

掌握好推送时间这是很关键的一点，文案写得再好推送时机没把握好，一样达不到想要的效果。那么，最佳的推送时间是几点呢？大致有3个，第一个是上午8点到11点，第二个是下午2点到5点，第三个是晚上8点到11点。就微信而言，晚上是高峰期，可以多发。时间点要掌握好，如果时间点掌握不好，可能很多潜在客户就看不到你发的信息。

8.3.2 文案撰写步骤

微商文案的撰写步骤遵循"6+2"法则。所谓"6+2"是指6个步骤外加贯穿始终的2个基本点。这6个步骤包含了整个文案的撰写思路和逻辑，在具体撰写时可以试着按照每一步的要求去描述，最后利用2个基本点再加以修饰和润色，一定能写出好文案。

（1）6个步骤

第1步，描述上下文背景：用简短的文字先交代一下文案背景，让朋友迅速明白后面内容的表达目的。

第2步，引起注意：怎么引起注意？可多使用疑问句、感叹句，结合热点、流行语等。

第3步，激发欲望：怎么激发欲望，添加与客户利益息息相关的关键字，"是包邮、限时购还是有奇效？"

第4步，建立落差：抓住痛点，最常用的方法就是对比。如针对减肥产品，一句"好身材都是别人的"，效果立现。

第5步，解决方案：告诉客户使用产品的效果，这个效果要直接展示出来，语言要坚决、肯定，避免含糊其词，似是而非。再比如针对减肥产品，结果是"30天让你瘦瘦瘦！"

第6步，建议用户动起来：建议他们迅速动起来，一定要把如何买或者联系你的方式写清楚。

（2）2个基本点

2个基本点，一个是"真实"，另一个是"短"。"真实"是整个文案的出发点和落脚点，无论写什么，怎么写都必须以事实为依据，将产品的真实情况如实告知用户，努力逐步建立你的信用，只有让客户相信才能最终赢得他们的真诚以待。

另一个是"短"，这个"短"有两层含义：一是在短时间内打动客户；二是篇幅要短。有人说，"微商文案如果在5秒钟内无法打动客户，那么这篇文案就是失败的"，这句话足以说明文案"短"的重要性。时间短意味着篇幅一定要短，因为承载文案的载体，比如，微博、朋友圈等显示的字数是有限的，如果每个文案都很长，一方面显示内容不完整；另一方面占用客户时间太久，会引发反感。百字虽短，但赋予我们的表达空间还是够用的，因此语言要尽量精简，节奏要明快，读起来朗朗上口。

8.3.3 文案的撰写方法

掌握了文案的撰写原则和步骤，接下来就需要了解一下撰写方法。文案之所以多种多样就是因为使用了不同的方法，方法不同撰写出来的效果也不同，当然方法的选择需要根据自己的写作特点、产品特点而定。

常用的文案撰写方法有3个，具体如下。

（1）九宫格思考法

九宫格，是由横竖各4条线，垂直交叉形成的9个空格组成的。九宫格思考法的具体步骤是：用一张白纸，先做一个九宫格，中间一格填上产品名，然后在其他8格填上有助于提高此产品销售量的优点，如A、B、C、D等，如图8-5所示。

▲ 图8-5　九宫格思考法

这是强迫创意产生的简单练习法，使用这种方式可构思出各种设计图。当然，列出优点之后，如何运用也需要我们重点推敲。众所周知，推销就是做包装，以强化优点。但是优点太多，反而让大家没有了记忆体。如果某面膜有20个功能，一一道来反而可能导致用户一个功能也记不住。如果只强化其中一个功能——深层保湿，那么用户下次需要购买保湿产品时很可能会想到你。

所以，强化记忆点的使用要因产品而异，在海报和推广图上，最多不要超过3个。在详情页上可以尽可能地展示出重点优势。

（2）三段式写作法

这是仿新闻学中的"倒三角写作法"，这种方法比较简单，一般有固定的体例，如图8-6所示。

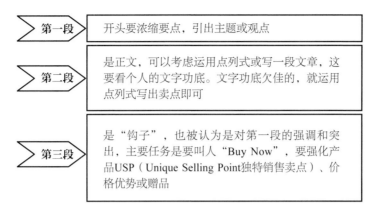

第一段　开头要浓缩要点，引出主题或观点

第二段　是正文，可以考虑运用点列式或写一段文章，这要看个人的文字功底。文字功底欠佳的，就运用点列式写出卖点即可

第三段　是"钩子"，也被认为是对第一段的强调和突出，主要任务是要叫人"Buy Now"，要强化产品USP（Unique Selling Point独特销售卖点）、价格优势或赠品

▲ 图8-6　三段式写作法

这个方法可以浓缩成三句话，即：我是谁，为什么买我，必须买我！

（3）要点延伸法

要点衍伸法是将商品目录上的商品特点照抄下来，然后对每个要点进行延伸说明。比如现在有一款包包，它的要点有5点，如下为其要点延伸。

① 简单百搭。包型简单大方，用于职场上班、逛街购物、旅行度假，随走随背。

② 性价比高。全网最低3折价，199元真皮包包，超高性价比体验。

③ 品种齐全。十余种颜色随意挑选，大小版本一应俱全，满足您不同的需求。

④ 防偷盗。全球顶尖拉链设计，独家定制高端防盗拉链，保证您的财产安全。

⑤ 容量可观。能容纳您出门的必备物件，如雨伞、iPad、A4杂志等。

通过文字表述，再搭配精美的图片，可以清楚地展示出这款包包的特点。在进行展示的过程中，要注意对搭配商品的图片进行详细说明。

8.3.4 文案自行传播技巧

大多数文案基本上是靠读者的转发来不断扩散和传播的，但好的文案不止于此，而是带有自行传播的潜力，这就需要微商在策划、撰写文案时就要植入有利于自行传播的因素。这些因素包括以下3个。

（1）产品关键词

微商文案属于网文范围，既然是网文就要注重"SEO"，即搜索引擎优化。换句话说，就是要便于在各大搜索引擎中建立搜索模型，方便Google、百度、微信搜一搜等搜索引擎收录和读取。因此文案中最好植入关键词，如产品名称，包含品牌、中文、英文、正确型号等信息，重点信息可重复出现。

了解搜索引擎工作原理的人都知道，当搜索关键词在所有产品标题中都没有的时候，搜索引擎会抓取产品属性和详情页中的文案。而且，即使你的关键词是其他同行产品标题中出现过的，但只要该关键词在你的详情中出现频率较高，也会增加相关性，从而使产品排名比其他产品更靠前。

（2）产品故事

写文案最重要的是什么？当然是和消费者产生的情感共鸣！但是这个点真的非常难！现在再来看看微商的手段：讲故事已成为引发情感共鸣中较好的方式之一。通过传播一个有始有终、有情感有事实的故事，可以拉近与读者之间的心理距离，在此基础上再来推广品牌或产品就会变得更有人情味，也能给用户留下一个良好的印象，增加自身吸引力。

有人说，在当下的时代，不会讲故事的营销者不会是一名成功的营销者，这从侧面说明了故事的重要性。文案也可以讲故事，且由于是以文字、图片、音频等形式出现，更容易将故事的魅力全方位展现出来。

现在，很多文案写作都是在写故事，整篇文章全部在围绕一个故事展开，甚至连标题也直接用故事拟写，效果非常不错。故事的形式多种多样，可以根据实际情况选择，具体的故事形式如图8-7所示。

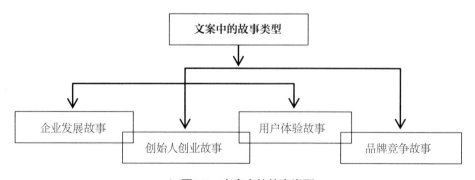

▲ 图8-7　文案中的故事类型

通过"故事"来为商品添加附加价值，买家更容易接受。无论是写作什么类型的商品文案，只要能够讲好这个故事，就能调动阅读者的情绪，让他们在阅读的过程中潜移默化地认同商品的价值，最后促成购买行为。

（3）迎合目标群体心理的关键字

营销定位大师特劳特说过："消费者的心是营销的终极战场。"那么文案也要研究消费者的心智需求。文案，打动消费者的心是成功之道，也就是说，一篇文案只有说到消费者心里去才能打动消费者。

因此，文案的撰写还需要把握读者心理。那么一篇文案需要迎合读者的哪些心理呢？经总结，包括3个方面：安全感、价值感、归属感，如图8-8所示。

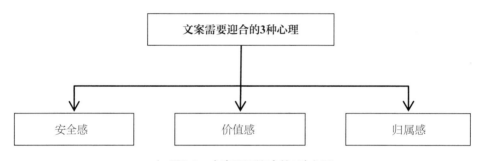

▲ **图8-8 文案需要迎合的3种心理**

1）安全感

人人都有趋利避害的心理，内心的安全感是最基本的心理需求，把产品的功用和安全感结合起来，是说服客户的有效方式。

比如，新型电饭煲的销售文案，说这种电饭煲在电压不正常的情况下能够自动断电，能有效防范用电安全问题。这种功能对于关心电器安全的家庭主妇来说不失为一个很好的打动点。

从安全感出发可以正着来，也可以反着来。如"不要让孩子输在起跑线上"这句文案宣传语让无数父母在儿童教育产品上痛快地掏出了"银子"。

2）价值感

得到别人的认可是一种自我价值的体现。将产品与实现个人的价值感结合起来可以打动客户。比如，脑白金打动消费者，从而促使其掏钱，恰恰是因其满足了消费者孝敬父母的价值感。再比如，某豆浆机的文案这样描述："当孩子们吃早餐的时候，他们多么渴望不再去街头买稀得不能再稀的豆浆，喝上刚刚榨出来的纯正豆浆啊。当妈妈将热气腾腾的豆浆端上来的时候，看着手舞足蹈的孩子，有哪个妈妈会不开心呢？"一种做妈妈的价值感油然而生，会激发为人父母者的购买意愿。

3）归属感

归属感实际就是标签，你是哪一类人？成功人士、时尚青年、小资派？而每个标签下的人都会有自己特色的生活方式，他们使用的商品以及消费习惯都表现出一定的文化特征。

用归属感来说服消费者，关键是要把产品和消费者所推崇的生活、文化结合起来。比如对于追求时尚的青年，销售汽车的文案可以这样写："这款车时尚、动感。改装也方便，是玩车一族的首选。"对于成功人士或追求成功的人士，则可以写："这款车稳重、大方，开出去见客户、谈工作非常体面。"

8.4

微信公众号文案

微信作为移动互联网时代的产物，是一个新的流量宝库。遗憾的是，这座宝库目前被开发得极不充分，只有少数先知先觉者享受了流量带来的红利。微信公众平台作为微信运营的重要部分，直接决定着微信微商质量。

8.4.1 文章的群发

高质量的微信公众号一定离不开具有阅读价值的文章。纵观那些优秀的微信公众平台，之所以能吸引众多粉丝，最重要的原因就是里面有高质量的文章。

群发功能是微信公众平台最主要的一个功能，通过此功能就可以实现信息的快速传播。下面，将重点介绍如何使用该功能。

在使用该功能时需要先登录微信公众平台后台，从后台首页进入群发界面，如图8-9所示。

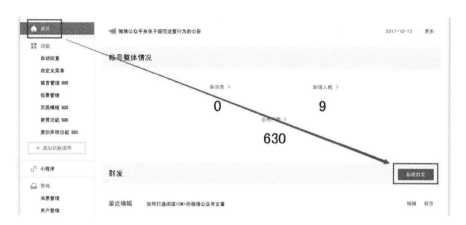

▲ **图8-9　微信公众平台后台的群发界面**

（1）新建发送消息

首先介绍的是"群发功能"，单击"群发功能"会出现两个管理模块，一个是"新建群发消息"，另一个是"已发送"。

"新建群发消息"是满足管理员现场编辑发送内容的需求，这时可在新建编辑框中输入所需要的文字，还可以根据需要插入语音、视频、图片等内容。

"已发送"是满足管理员查看、修订已发消息的需求，如果需要对发送的信息重新处理的话则点击"已发送"操作。

设置这两个模块的目的，是因为群发消息并不是实时生效的，即在"新建群发消息"中输入好内容，点击"群发"后该消息并不会马上推送给用户，而是自动存入"已发送"列表中，在右边的状态栏目中显示为"发送中"。时间为10~20分钟，这期间管理员可根据需求进行修改，当完成发送时，状态栏会显示为"发送完毕"。

同时，对于已发送的消息可以进行删除处理（正在发送的消息是无法删除的）。当该条群发消息显示状态为"删除"，则表示已经被后台删除成功。

（2）选择群发对象

群发对象可分为两大类：一类是全部用户，另一类是可选择用户。在可选择用户中后台对群发对象的性别、地区做了进一步限制，如果群发对象选择

"全部用户"，直接点击发送即可，如果选择可选择用户，可对性别、地区进行限制。

（3）注意群发规则

同时，后台也对群发规则提出了很多要求，比如，人数、频率、内容，以及不同形式的要求等，如表8-1所列。

◈ **表8-1　微信公众号后台消息群发规则**

群发类别	要求
人数	无限制，只能群发给粉丝，不支持群发给非订阅用户
频率	订阅号1条/天；服务号4条/月；微信企业（企业号）无限制
标题	不超过64个字节
内容	不超过600个字符或汉字
语音	不超过5M、60秒，仅支持mp3、wma、amr格式
视频	不超过20M，仅支持rm、rmvb、wmv、avi、mpg、mpeg、mp4格式
图片	上传至素材管理中的图片可多次群发，没有有效期
语言	暂时仅支持中文和英文

8.4.2　微信文案写作技巧

要想写好微信公众平台文章，必须综合考量。不同类型的文章，标题拟写、遣词造句、篇章句的构思以及写作方法都有所不同。

（1）设置悬念

即通过设置悬念来激发读者的阅读欲望、兴趣，运用这种方法的核心是把握住"悬"字。设置悬念一般有两种方法：一种是要多嵌入些带有悬念性的、令人思考的关键词，如"原来是这样""万万没想到""据说""秘密""秘诀""真相""背后"等；另一种是多用反问、设问等问句形式，先提出一个问题，抛给读者，暂时不管这个问题是否合理，有没有正确答案等（这些可隐含在文中），目的就是先引起读者的注意。

某微信公众号上曾有一篇防雾霾的文案《关起房窗，就能将外界雾霾阻绝于门外吗？》采用的就是悬念式的标题。这样的标题非常到位，只看标题就会让人浮想联翩：在当今雾霾如此严重的情况下，关起窗户真的就能阻挡雾霾吗？这就是该标题留给读者的悬念，因为有悬念，读者心中才会有疑惑和好奇，才能产生继续阅读的兴趣。

（2）直接提问题

即用问句的形式来拟写，疑问句、反问句、设问句，明知故问式的、自问自答式的都可以，如果想拓展一点的话还可以采用其他类型的提问，如封闭式提问、选择式提问、强调式提问等。问句除了有设置悬念的作用外，一般还有引出话题、自我解嘲、启发读者思考等作用。因此，以问句作为标题是一个技巧，很容易激发读者的好奇心，并可进一步激发他们去思考，参与讨论。这样的公众号文章很多，如：《你知道你的滴滴里程可以做一件令人羡慕的事吗？》《众筹，到底是骗子还是创新？》《如果有70万巨款在你面前，你会这样选择吗？》等。

（3）讲故事

故事式标题是微信公众平台文章很常用的一种标题形式，最主要的特征之一就是体现出了可读性。看到标题就让人有想听一则故事的欲望，相比于看无聊的文字人人都爱听故事。这类标题可极大地激发读者的阅读欲望和兴趣，引导读者进行更深层次的思考，达到自动传播和分享的效果。值得注意的是，尽管故事式标题具有故事性，但受制于字数，并不意味着就像讲故事一样要长篇大论，这里重点不是讲故事，而是要用讲故事的思维去提炼，去表现。

（4）紧跟时势

在文章的构思、写作中，有一种方法运用得非常多——紧跟热门事件和人物，即借势，巧妙地与当下最热门的话题、事件、明星人物、流行元素等结合，给标题贴上热门标签，以此来吸引读者的眼球。

如人们普遍对社会热点事件、明星名人趣事、八卦等感兴趣。在光环效应影响下，这些事件的传播范围更广、速度更快、受关注度更高，产生的社会效应也更大。因此，社会上的热点事件和人物完全可以成为文案标题策划的素材。在标题中适当加入这些素材，可使文章更应时，容易满足部分人的特殊要求。

Feekr旅行，因极具文艺范而深受年轻人、出行一族的青睐。其在微信公众号上推送的一篇文章《欢乐颂安迪肤白貌美的秘诀，这个夏天你还缺一顶时尚sence满分的草帽》就采用了紧跟热门的拟写思路。因推送时正值《欢乐颂2》热播之际，所以标题引用了剧中主角之一的安迪来做渲染，这也成了这篇文案最大的亮点。

（5）广告宣传

写文章的最终目的是宣传、推广其中含有的品牌、产品、服务信息，让阅读到这篇文章的读者接受和认可。因此，作为策划人员、创作人员，在写一篇文章时必须有这样的定位，无论写什么样的文章首先必须保证具有广告的作用，便于宣传。

文章在某种程度上来讲就是广告，只不过有的广告宣传性质明显些，有的隐匿些。我们把带有明显广告特性、侧重于宣传的文章称作广告宣传性文章。基于此，我们需要全面认识一下这类文章及其文案策划要点。

纵观各大微信公众号，这类型文章最多。它有着超强的宣传性，对企业品牌、企业形象的树立，产品和服务销量的扩大，消费者购买欲望的诱导都有很大的促进作用。

这类文章有点类似于我们日常生活中看到的硬广告，核心都是围绕所宣传的产品或服务展开的。但又具有文案"软"的特性，不像硬广告那么直白地、赤裸裸地告诉消费者该怎么做。既然是文案那么就要遵循文案的写作原则，突出诱导性，起到抛砖引玉的作用——用看得见的利益或好处，去激发消费者的潜在需求。

（6）情感诱导

有的文章向读者展示的不仅是一篇文章，而更是一个观点或一种情感。感情是能真正触动读者的心灵的。我们暂且不说文章，现在很多企业在进行营销和推广时讲究以人为主，体验至上，某种程度上就突出了情感的因素。其实，情感体验是最容易深入人心的，做营销工作，如果能抓住消费者的情感那就成功了一半。写文章也是同样的道理，也应饱含感情，只要抓住"情感"这个核心，以情感人、以情动人，就很容易俘获很大一部分读者的心。

写情感诱导式的文章，重在将情感自然、充分地融入所要宣传的品牌、产品中，与其精髓完美融合。而不能硬性地将其捆绑在一起，否则不但不能给人以美妙的感受，还有可能适得其反，影响到读者的心理体验。

这就需要在写之前善于提炼品牌、产品的核心价值，蕴藏的文化所在，找到某种情感的共同点。

第一，坚持原创。情感要想打动人，必须坚持原创，写出发自内心的情感。

第二，观点独特。无论是何种格式的文章，都要有自己的观点，情感也不例外。观点鲜明、独特的情感文章，更能引起读者的关注。

第三，思考性强。情感诱导式文章在宣传广告对象的同时，要能引起读者的思考，只有引起思考了才能在读者的脑海留下深刻的印象。

第四，结尾开放。情感诱导式文章，最好形成开放式的结尾。与闭合式结尾相比，开放式的结尾更能引起读者参与讨论，引发读者发散式思维。好的情感诱导式文章加上开放式的结尾，甚至能媲美事件营销带来的效果。

第五，易于共鸣。情感诱导式文章的最高境界就是易于引起读者共鸣。只有当读者与文章产生了共鸣，才会更快地转载、传播，在网络上形成铺天盖地的宣传效果。

8.4.3 增加点击量的技巧

很多朋友对某一微信图文信息的巨大转发数量感到不可思议，甚至认为不可信。事实上这绝对是可行、可信的，微信图文转发数量是微信公众号运营重点之一，转发人数影响图文阅读人数及次数。那么，如何增加图文点击转发量呢？可从以下9个方面入手。

（1）内容定位

要优先考虑粉丝喜欢什么内容，内容定位比涨粉重要，做好内容等于做好推广。独一无二、具有稀缺价值、具有争议性的内容远比思考如何获取粉丝重要。具有稀缺价值的内容能引发用户分享收藏，具有争议性的内容会引发用户激烈讨论，而独一无二的内容会引发用户持续关注。

（2）优化标题

无论是主动推送的图文，还是别人转发的图文，基本上第一眼只能看到标题。如果标题不吸引人，连被点开的机会都没有，又怎么让别人成为你的粉丝?微信订阅号页面只显示标题的前13个字，所以切记：不要让无关紧要的标题占据了13个字的黄金位置。

（3）添加摘要（仅限单图文）

单图文才可以选择添加摘要，在单图文编辑模式下，没有选择添加摘要，微信就会默认把正文的前面几句文字拿出来当摘要显示。建议人工写好微信摘要，否则会出现粉丝看了三行文字，还是不知道这条内容想说什么，这样将会大大降低点击率。

（4）在结尾处适当添加引导语

一般在页脚之前都会有一小段非常有煽动性的话，让你更有转发欲望，这段话也是非常值得斟酌的。

例如，A：【分享】"最自私的行为是无私"。当你将有价值的信息，传递给身边的朋友时，你在他们的心里会变得更有价值。点击右上角的按钮就可以分享到"朋友圈"。

B：你觉得本文对你有启发，请点击右上角的按钮，分享给更多的朋友，分享越多，收获越多，谢谢！

（5）紧跟"热点"，做好热点营销

热点营销其实就是一种"借势营销"，是指商家及时地抓住广受关注的社会新闻、事件以及人物的明星效应等，结合商家或产品在传播上达到一定高度而展开的一系列相关活动。生活中缺乏的并不是热点，而是发掘热点的人。

（6）添加"原文链接"

在增加微信图文信息时，微信信息中没有办法放超链接，尾部有一个链接"添加原文链接"，只有"阅读原文"可以放上超链接，通过"阅读原文"可以给企业手机网站或图文信息增加浏览量！你可以理解为给用户推荐相关内容，方便用户找到他所需的知识。

（7）提醒"回复关键词"

如何提高微信订阅号活跃度?不发整篇文章，而是呈现一句有吸引力的描述，让用户回复文字，获取文章，只要看到的人，80%都会回复。这个方法至少坚持一周，就可培养用户打开、互动的习惯，前提是先准备优质内容，账号是有料的。

在发微信图文信息时，在文章尾部可加几句提醒，"回复××关键词再给您看M篇文章"，这是一个很重要的技巧。

（8）每月汇总上一个月的经典图文

每月对上一个月的经典图文进行汇总，可以群发一条纯文字信息，引导用户对一个月以来的精彩文章进行回顾，如图8-10所示。

（9）拓展宣传渠道

每个网络渠道都有一定人群，例如有一部分人经常玩的是微博、QQ群、邮件等，需要在多渠道第一时间通知你的用户你的微信已经更新某篇内容。提高微信图文转发量除一些常规的推广，拓展自己的微信推广渠道也至关重要。比如：

① 发货短信推荐。发货短信除保留快递公司、快递单号等重要信息以外，可以拿出来做微信号推荐。比如，您在××家购买的宝贝已发货，快递单号：××××××××××，加微信××××，发暗号"礼物"有惊喜。

▲ 图8-10 某平台往期精选文章界面

② 营销短信推荐。现在有不少商家将店内秒杀活动的公布渠道放到了微信上。通过短信通知老客户有秒杀活动，说明活动在微信通知。

③ 二维码不干胶或小卡片。可张贴不干胶的位置有快递袋外部、飞机盒外部、产品外包装。也可在包裹中放置有微信二维码的小卡片。

④ 二维码印制。产品吊牌、产品说明书在设计时，可为微信二维码留出推广位。

⑤ 微信微博背景模板放置微信二维码、企业微博轮播图推广。

⑥ 在邮件营销时邮件模板的设计可利用banner位置推荐粉丝扫描二维码直接关注微信。

第 9 章

代理商团队的组建与管理

　　经过几年的发展，微商运营从最初的单打独斗逐渐向团队化转变。如今，大多数微商都是以团队形式出现的，少则几十人、几百人，多则上千人、上万人。而真正赚钱的微商也是拥有强大团队的，因此，可以断定团队化运营绝对是微商未来的发展趋势。

9.1

代理商团队的组建

9.1.1 代理商团队的两种组建方式

雇佣制和合伙人制是如今大多数企业正在使用的两种创建模式。同样，微商在组建团队时也可以采用这两种模式，既可以选择雇佣成员的模式，也可以选择合伙人合伙的模式。

9.1.1.1 雇佣制团队优劣势对比

雇佣制是一种企业管理模式，目前，国内外有很多企业在使用，尤以日本为甚，也包括我国的大多数企业。终身雇佣和固定工资是雇佣制最大的特点。

（1）优势

雇佣制最大的优势是牢固性，可将集体利益与各个成员的个人利益完美地结合在一起。当两者的利益重叠时，就形成了一个命运共同体，这一共同体可促使员工毫无后顾之忧地服务于团队，为团队尽职尽责。

代理商团队采用雇佣制，便于成员与团队，成员与成员之间的交流，彼此之间产生高度的信任感。因为在雇佣制体系下形成的团队就像一个大家庭，彼此的关系十分紧密，无形中就形成了一种共同的情感链和价值观。

基于雇佣制而形成的企业，最具代表性的就是日本企业，这也是日企员工责任心那么强、忠诚度那么高的原因。以忠于职守为己任，无论是基层员工，还是高层管理人员，他们都把工作当作自己的使命。在这种制度的影响下，所有员工都会自动自觉地形成一个目标，即让团队发展得更好更强大的目标，并且为实现这个目标齐心协力，不计较个人得失，不推崇个人英雄主义，齐心协力做好每一件事情。

雇佣制的优势还表现在团结精神和价值观的形成上。雇佣制团队中的员工都有"团队利益至上""我是团队主人"的观念，把自己当作团队中不可分割的一部分，将团队利益看作是最神圣的，始终秉着对团队忠诚的信念。如果有部分人表示出不忠诚，甚至会遭到众人的谴责。

（2）劣势

不过，随着时代的变迁，雇佣制团队也是问题多多，很大程度上限制了团队整体利益。最突出的问题就是管理权限过死，管理层级过多，一级压一级，层层审批。有时候即使一个小小的计划，可能都要经多人之手，审核、签字、批复等程序后，才能得以执行。在这里，经多人之手不是关键，毕竟不同的人审核、签字，责权明晰，出了问题追责也一目了然。关键是在很多时候会出现一些不必要的环节，造成无谓的消耗，不但使成本大大增加，而且降低了工作效率，一套程序走完可能会耽误好几天。这样一来，员工的积极性、主动性就会大大受到影响，且这个过程持续时间越长，员工的积极性、主动性消退得越快。

管理层级过多，带来的后果就是资源的浪费和受限，员工的积极性和创造性受到压制，再加上有些团队中权力的分配不合理，权责不对等，上级官僚主义严重，决策能力弱等，致使整个团队人才优势很难得到最大限度的发挥。任何一项工作，都是靠基层员工强有力的执行做出来的，基层员工的优势无法得到发挥，久而久之就会产生一种懒惰、懈怠之心，不会对团队百分之百地付出。

9.1.1.2　合伙人制团队优劣势对比

合伙人制得到大多数人的认可，被很多大微商团队所推崇。与雇佣制相比，合伙人制在资金的筹集、人才的调配上更灵活，更容易操作。

（1）优势

互联网时代，结构扁平化成为一种大趋势，也是企业、团队组织改革道路上达成的一种共识，这在微商领域尤为突出。层级越少，信息沟通越充分，员工主动性越大，对市场的反应也越迅速。合伙人制团队实行的正是一种扁平化的管理模式，管理者与基层员工之间的距离越来越短，层级关系越来越少，员工的积极性、主动性可得到进一步释放。

1）资金优势

对于微商创业而言，资金是最重要的资源，有很多微商因为资金短缺而无法施展自己的才能。而合伙人制可以很好地解决这一问题。合伙合的是什么？

首要的就是资金。初创人可以通过合伙的形式将大众的资金聚集起来，这些投资人每人出一部分资金作为团队的共有财产。而团队给予的回报是股权，以及盈利后的分红等。

因此，合伙在某种程度上也是一种集资方式，受到初创团队的青睐和认可。

2）决策优势

合伙人制可最大限度地释放集体的智慧，比雇佣制家长式的决策要开明得多；合伙人制的团队管理控制权属于合伙人共同所有，在重大事件决策上，实行的是民主决策、民主投票和民主监督。

谷歌在创始之初，施密特任董事长兼CEO，佩吉为产品总裁，布林任技术总裁，被誉为谷歌的"三驾马车"。施密特、佩吉和布林三人作为一个团队来工作，对于任何重大决定，他们三人必须达成一致。然而，由于佩吉和布林是技术出身，在公司决策上经常与施密特发生分歧。为消除紧张局面，谷歌请来了时任财捷集团的董事会主席、苹果公司的两位联席领导董事之一的坎贝尔担任"教练"。据说坎贝尔每周花两天的时间到谷歌做顾问工作。他除了参加谷歌的董事会会议之外，还参加每周一进行的数小时的谷歌行政管理会议，并经常与谷歌高级管理人员进行一对一的会谈，以提出评估意见，调节管理纠纷。经验丰富、情商巨高的坎贝尔得到了谷歌董事会、创始人、施密特及其他高管们的信任，成了"三架马车"的润滑剂。布林说："我们非常幸运，因为我们两人再加上施密特，我们能够选择关注的事情，这是一种难得的奢侈。"

3）管理优势

合伙人制度涵盖四个方面的内容：第一是共同出资，第二是共同经营，第三是共享利润，第四是共担风险。其中共同经营就是管理优势，在团队管理上，合伙制团队是由各合伙成员共同经营，大家可互通有无，取长补短，任何决策都可以讨论决定，大大减少失误。同时，各合伙人之间还可以相互监控，相互监督，共同进步。

（2）劣势

合伙人制团队的缺点在于缺一个绝对核心，团队对成员的约束性和监督力度偏弱，从合伙到散伙往往就在一念之间，无形中加大了这类团队的风险。对此，只能利用完善的管理来弥补，如慎重选择合伙人，要成为真正的合伙人，除了拥有专业知识，还需要看合伙人的个性、动机，还有人品；制订详细的加入或退出机制，提前签订合伙协议，尽可能地让权利和义务对等等，将合伙制带来的风险降到最低。

9.1.2 打造代理团队的"三驾马车"

大多数团队成立3个月后，各种问题就显现出来了，为什么团队如此经不起考验呢？那么，如何才能打造一支稳健、有激情、有卖货能力的代理团队呢？重点要做好3点，如图9-1所示。

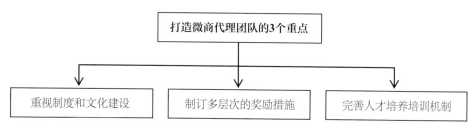

▲ 图9-1　打造微商代理团队的3个重点

（1）重视制度和文化建设

一个企业连自己的企业文化都没有，那就称不上一个完整的企业，同理，一个微商团队如果没有自己的文化也同样不能称作完美团队。所以，要想打造一个有战斗力的团队，必须要有独特的文化。比如，团队价值观、使命、社会责任、团队精神等。团队规模小时可依靠创业者的个人威望和影响力来管理，而一旦团队规模大了就要用文化去管理。

比如，团队非常有激情，氛围感觉非常棒，一小部分人不遵守规定，破坏这种氛围，给团队带来了损失。那么，这一小部分人自然会受到惩罚，甚至被踢出团队。但是如何踢是个关键，是领导者的一句话，还是依照规章制度办事？如果由领导者的一句话决定，结果可能一样，但具体做的过程则会对整个团队产生深远影响。如果依照规章制度办事就会给每个人敲响警钟，让其意识到不遵守规定将会面临着什么后果。

（2）制订多层次的奖励措施

奖励除了口头的外，还要有实质性的，比如，月度有月终奖，季度有季终奖，年度有年终奖，每逢特殊的节日，如团队成员结婚纪念日、生日等还可送手机、送旅游、发定向红包。

一些激励措施要提前公布，到了一定的时间给予奖励；给每个级别的团队都设定目标，制订计划，有奖有罚，这样团队才有激情。团队成员除了可以卖货赚钱之外，还可以得到其他的一些物质或精神奖励，对他们来说无疑是一件很开心的事。由此可见，建立一套完善的激励机制非常有必要。

（3）完善人才培养培训机制

随着越来越多的人加入微商，新加入团队的成员，尤其是零基础的新人就需要团队给予及时的培训。微商团队中，培训尤为重要，要经常安排内部培训，由团队中有经验人指导或分享，也可邀请外部大咖来分享经验。培训内容要注重实操性，一些不能落地实行的长篇大论没有什么意义。只有注重实操，有案例，才不违背开展培训的初衷。

培训涉及的方面较多，如微商心态、微商技巧、团队管理等，这些都是培训的内容，培训越广泛，越有效。

9.1.3 制度管理与规范化设计

为什么有的微商能迅速做大，而有的则原地踏步，甚至一夜崩盘？除了外部因素之外，最重要的还是内部管理是否制度化、规范化。制度是导致差别的关键所在，一个团队如果没有完善、合理的制度，团队运营就会陷入混乱，更不利于团队成员的成长。

一切行为以制度为中心，良好的制度有助于团队管理的规范；代理商行为的自我约束，有利于团队快速复制和裂变。

对代理商的管理首先需要一套好的代理商制度，那么，微商创业者如何制订和设计一套科学、合理的代理商管理制度呢？以下3个要点必须注意，如图9-2所示。

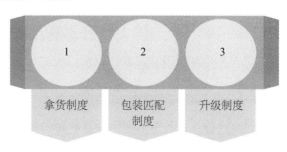

▲ 图9-2　制订代理商管理制度的3个要点

（1）拿货制度

综合目前微商行业的大多数做法，微商代理拿货都采用的是梯级制，数额大小的设置一般根据代理的级别进行。比如，最低一级代理拿货金额为5000～8000元；那么比他高一级的代理拿货金额则为10000～20000元；以此类推，最高级别即联合创始人，拿货门槛也最高，50000～100000元不等。

具体的金额设置可视产品单价、代理商实力及消费者消费水平综合而定。但一些总体原则必须遵守，即各级之间，如一级和二级、二级和三级之间要设置一定的级距，而且级别越高，级距要越大，以保证拿货制度的弹性和可执行性。

（2）包装匹配制度

在微商日常运营中，产品包装和发货是重要内容。由于微商代理自己也需要备货、发货，管理者应为他们做好服务，尽量避免重复拆箱，从而确保产品无破损。这就要求制度中应规定相应内容以匹配。

以某微商产品包装为例：6瓶产品为1小盒，4小盒为1中箱，4中箱为1大箱。结合其代理拿货制度设置：拿货1盒为特约代理，2中箱为一级代理，1大箱为二级代理，10大箱为总代。原则上，代理拿货量既要和拿货金额匹配，又要和产品包装规格匹配，这样的制度设计才能够有效降低产品拆箱率。

（3）升级制度

代理升级和转介绍制度，可以选择两种设计思路：一种是一次性拿货升级，另一种是补齐货款升级。具体选择何种设计方法，应从实际需求看。选择前者，实际上加高了代理进入门槛，能够确保团队质量，并有利于发展最高代理；选择后者，会使很多人选择从最低级开始代理，这样可以保证团队人员数量，有利于夯实团队基础。

9.1.4 绩效激励标准和手段

良好的绩效激励能提高代理们的工作质量和工作效率，直接决定整个代理团队的经济效益。然而，如何做好绩效激励呢？最主要的两个方面就是制订多元化的激励标准和多样化的激励手段。

（1）激励标准多元化

在对代理们进行绩效考核时，不能简单地看结果，结果不能完全决定有绩效还是没绩效，绩效高还是绩效低。这就需要在考核标准上多元化，一般来讲可以从如表9-1所列的4个方面进行观察、分析和衡量，综合评估他们的营销效果。

◈ **表9-1　对代理进行绩效考核的标准**

激励标准	标准的含义
粉丝数	指原有的好友人数、增加的好友人数，或原有客户人数、增加的客户人数。粉丝数量是营销业绩的重要指标，如果该指标有所上升，说明代理业绩即将迎来突破，应充分予以鼓励
流失数	流失数主要考评代理手中好友和客户的减少数量。如果流失数量超过正常标准，即使代理业绩暂时不错，也需要指导其反思和整改
转化率	从单纯的关注、阅读到实质性的消费，或者从好友到客户的转化、客户到代理的转化等，都是决定最终绩效激励的标准，必须予以关注
其他	包括好评率、分享率、反馈率等这些指标也可以作为代理的业绩参照，针对代理实际营销产品的区别、内容的不同，选择合适的组合以评价其营销业绩

（2）激励手段多样化

根据不同的绩效标准会产生不同的绩效表现，因此，很多时候代理们的绩效表现各自不同，为了不打击他们的积极性，这时应采取多样化的激励手段。常见的激励手段有4种，分别如下。

1）榜样激励

可以将业绩稍好的团队成员作为每个代理的工作标杆。通过业绩PK等手段，为他们塑造可以企及的榜样。

2）数字激励

根据代理的发展程度，制订适合他们短期目标的具体业绩数字，并不断对他们加以提醒。设置适当的数字能够有效引导代理取得良好业绩。

3）沟通激励

代理商的业绩不仅仅是赶出来的，更是领导"激励"出来的。领导者应该与代理保持良好的沟通，随时就业绩情况进行沟通。当业绩上升时应冷静分析成功的原因；当业绩下降时，则总结教训，给予鼓励。这样，能保证沟通始终有正确的导向，起到良好效果。

4）竞争激励

在团队管理中，要多利用竞争关系来激励不同的代理，在团队内部建立起比拼业绩的良性氛围，形成积极向上的引导和激励。可以采取不同小组整体比较、个人比较、分时间段比较等多种形式，利用业绩高低来调动代理的积极性、主动性和创造性，增强整个微商团队的组织活力。

值得注意的是，对绩效进行评估和考评时，不要陷入"以业绩论高低"的僵化思维。尽管业绩越好的代理能够获得越高的提成，但如果绩效激励只是如此简单，那么对于目前业绩不佳的代理就缺乏对应的激励内容了。事实上，绩效激励应该兼顾多个层面，既要表扬绩效好的代理，也要照顾到绩效较差代理的利益需求。

9.1.5 完善代理商培训培养机制

一套完整而系统的人才培训培养机制可以帮助代理商尽快了解业务，熟悉业务，更好地做好业务。同时，从长远来讲，也可增强代理商持续学习的能力，对团队忠诚等。因此，在打造团队时一定要做好人才培养培训，将其作为团队运营的一项重要机制重视起来。

为了更好地做好人才培训和培养，可从以下两个方面入手。

（1）确定培训形式和工具

一般而言，正规微商团队的培训形式大多以线上为主、线下为辅。这是因为已成规模的团队的培训需要组织快、效率高、无成本，而线上培训完全能够满足这些需要。因此，新人在加入团队之前，不妨首先确认团队的培训形式。微商培训大多数采用线上为主，线下为辅，线上包括在微信中直接建群，或者利用80秒语音授课，YY语音等线上实时交流。相对于线下培训而言，线上培训具有系统稳定、同步方便等优点，并且有利于互动。

无论采用哪种形式，一定要根据实际需求而定。如果你所加入的团队经常采用YY语音培训，经常会举行重要的代理商会议、互动性很强的答疑解惑类培训等，说明其培训体系较为成熟。这样的团队通常已具有一定规模，无论培训者的经验还是培训体系内容，都相当丰富和完善，能够迅速加深学习者对微商的了解。但缺点是团队体系建设已较为完整，发展代理的空间较小。

相对而言，对微商新手来说，微信群语音培训更为方便，能最大限度利用碎片化时间学习，即使培训结束、群解散后，所有聊天记录依然保留。团队采用该工具进行培训，主要目的是为了招商引流、产品知识介绍、告知型的政策讲解，说明团队整体处于发展初期，团队内新人较多。微商新手选择这样的团队，可以从初级知识入手，然后逐步提高自己各方面的学习水平，相对而言具有较大的发展空间。

（2）了解培训定位

不同微商人群对于培训内容的需求不同，但任何团队培训资源都是有限的，必然会有所侧重。在进行培训前，必须观察代理商们所处的阶段，根据所处的阶段定位培训内容。微商对自我进行定位，一般有4种角色，如图9-3所示。

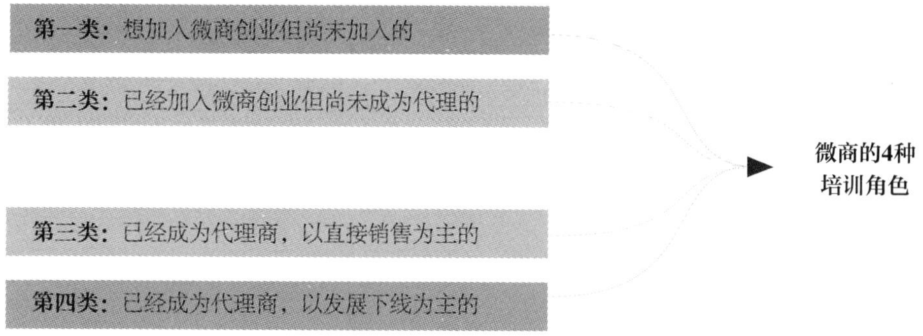

第一类：想加入微商创业但尚未加入的

第二类：已经加入微商创业但尚未成为代理的

第三类：已经成为代理商，以直接销售为主的

第四类：已经成为代理商，以发展下线为主的

微商的4种培训角色

▲ 图9-3　微商的4种培训角色

随后，再根据定位确定对应团队培训的主要内容，比如：

针对新手微商的课程，侧重点在微商大趋势、销售技巧、市场解读等，如"微商的风口""微商历史、现状和未来""解密微商成功基因""微商起步之道"等。

针对新代理的课程，如"微商创业智慧""产品知识内训""营销案例分享""客户引流方法"等。

针对较低级别代理的课程，如"初级代理培训""如何将客户转化为代理""品牌文化及未来规划"等。

针对较高级别代理的课程，如"建设代理团队的技巧""售后服务政策及技巧""如何管理你的代理"等。

明确了自己属于哪种人群之后再观察团队提供的课程，微商新手就能找准自己适合加入的团队。

9.2

对代理商的内部管理

不少微商团队成员貌合神离，有的团队甚至分崩离析，这与其内部管理力度不够有密切关系。一个微商团队，不能唯业绩论英雄，除此之外还要重视内部管理，如制度管理、文化建设、荣誉分享、精神层面的激励等。通过这一系列的管理，各个代理商会逐渐意识到团队的重要性，激发出团队自豪感和荣誉感。

9.2.1 日常管理

微商团队对代理商的管理，不但体现在要确定规章制度、行为准则，更多的体现在对各个成员的日常管理上。有人说，对于微商创业者而言，最难的管理就是对人的管理。对人的管理，看似可有可无，实则非常重要。那么，该如何对代理商进行日常管理呢？可从以下4点入手，如图9-4所示。

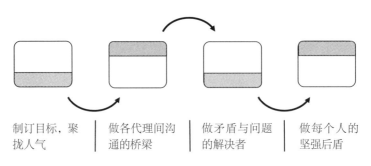

| 制订目标，聚拢人气 | 做各代理间沟通的桥梁 | 做矛盾与问题的解决者 | 做每个人的坚强后盾 |

▲ 图9-4　对代理商进行日常管理

（1）制订目标，聚拢人气

作为整个代理商团队中的老大、领导者，首先应该做的事情就是将每个代理商紧紧团结在一起，为一个共同目标而努力。因此，制订团队目标就显得异常重要。比如，一年的销售目标是多少，一个季度的销售目标是多少，每个地区、每个人的销售目标是多少等，这些目标最好用具体数字、可行的分析列举出来，让每个人清清楚楚地看到，真真切切地去执行。

其次，就是激励每个人为实现目标如何去做。比如，不同的代理商有不同的方法、技能，你就应该根据他们的优势施以不同的激励手段，了解每个人的优势是什么，并且把每个人都放在让他可以闪亮夺目的地方。灵活的激励手段是发挥每个人优势的关键。

（2）做各代理间沟通的桥梁

团队是一个家庭，由若干个家庭成员组成，而每个人都有各自的做事思维、做事方式，当出现意见不统一、观点有分歧的时候，就需要家长做好每个成员的沟通工作。你就是这个大家庭的家长，当出现分歧时，要把那些带有问题的人集中在一起，倾听他们的想法，扮演好"桥梁"的中间人角色，帮助他们了解彼此，解决问题。

当然，你千万不可擅自为他们做主，而是要开导他们，引导他们用自己的方式去解决。否则，介入越深，问题越复杂化。

（3）做矛盾与问题的解决者

团队需要一个有拍板权的人。一个注重解决方案的管理者，他更愿意讨论一个项目或者一个问题的解决方法。当问题出现时，他只会这样做：不为"这是谁的问题"或者"为什么会这样"而苦恼，只会确认问题的存在，并积极地去分析、去解决。

有的管理者认为，"他们只会给我一个悬而不决的问题"，其实，你与下级代理商之间是一种合作关系，有些问题需要共同承担，而不是踢皮球，出现问题时只寄希望于下面的人去自行想办法，去解决，因为他们"不想知道为什么能做，为什么不能做，只想知道如何做"。

（4）做每个人的坚强后盾

作为团队的领导者，你必须让每个代理商知道，你是支持他们的，你是他们最大的坚强后盾。当他们知道有你的无条件支持时，就会自信满满地前行。

所以，你时刻要明白自己的主要工作就是挪开拦在团队前进道路上的各种障碍。当团队发展遇到困难时，内部成员之间，或团队成员与客户之间产生纠纷时，你会第一时间出现，支持他们。

9.2.2 沟通管理

不少微商创业者会被同一个问题困扰，那就是如何与代理商沟通。其实很多时候你会发现，代理商不积极不主动，工作没效率，不是他们的问题，是你与他们的互动、沟通不够，即使有局部沟通，也是轰轰烈烈地开始，垂头丧气地结束。所以，做好代理商管理首先需要积极沟通。

说到沟通，首先要了解沟通环境。微商团队中的沟通环境不同于其他行业的沟通环境，相比之下有以下5点特殊之处，如表9-2所列。

表9-2 微商沟通环境的5点特殊之处

1	沟通并不一定是必须用语言或文字来完成
2	内容包括信息，情感沟通，思想、观点与态度的沟通
3	沟通过程中的心理因素发挥重要作用，信息发出者和接收者之间要考虑对方的动机和目的，而结果会改变人的行为
4	沟通的障碍，一方面来自信息的失真，另一方面来自特有的心理障碍，如偏见和爱好、背景与经历、政治与意识等
5	信息接收者的反应是最关键的，是评价沟通成功与否的唯一标准

在了解了这些特殊的沟通环境后，在具体工作中，可以用以下方式进行沟通。

（1）树立信念

对于微商团队沟通环境而言，让每个人在心中确立一个信念相当重要。信念，是团队队员之间精诚合作的基础，没有信念就没有信任，没有信任就没有合作。谁也不愿意跟着一个缺乏信念的团队。假如跟了这样一个团队，恐怕连自己都不知道到底能不能赚钱，连自己都没有自信能够赚钱，这样的团队肯定也不会长久。

所以，我们要通过信念营造一个良好的沟通环境，用语言、行动等来传递出"跟着我一定可以赚钱，跟着我一定可以月入过万"的信念。不要让你的团队成员觉得前途渺茫，不要让他们失去信心，这个非常重要！假如对方没有信念，那么你所做的一切都将是无用功。

相较于"你加入我们，我可以让你赚钱，不信请看看我团队的精神面貌、行为规范，以及每个成员的收益。"直接说："来吧，快加入我们吧！"就显得苍白无力！当然，信念并不是一两句话就能讲明白的，更多的需要坚持去做，去传递。

（2）鼓励和赞美

每个团队里都会有一些比较迟钝的人，或者是一些比较懒散的人，作为领导者要做的不是斥责他们，相反地，要去积极鼓励、赞美他们，给他们动力。

鼓励和赞美是最好的沟通，而且是极具正能量的。大多数孩子在小时候的学习与成长中父母都是在一旁鼓励，如："来，走过来，宝贝好乖""宝贝太棒了，宝贝好聪明"经过不断鼓励最终我们成长了，也学会了许多知识。假如父母不鼓励而是一直骂你笨，想必孩子听了心里肯定不爽，甚至产生逆反心理干脆不学了。

对于成年人尤其是创业新人来说，同样如此。当一个人听到鼓励的话后，心里会觉得暖暖的，更加有动力、更加有信心。所以，我们对于团队成员也是如此，要做的不是责骂，而是要多多鼓励他们。另外就是赞美！怎么赞美？比如，有团队成员过来问你问题，你可以直接夸奖："你这个做得很好，很不错。"或者间接说："你今天化了妆很漂亮。"总而言之就是要去赞美他们、夸奖他们，让他们更有动力，更加上进。

（3）一起讨论问题

一个团队那么多人，肯定会有一些人存在这样或那样的问题，而作为团队领导，不要只顾自己，而是要更多去帮助他们，帮助他们解决问题，帮助他们成长。

有些团队领导一天到晚只顾着自己招募多少个代理，一天出多少单子，盘算着一天赚了多少钱，却忽略了团队建设的价值。其实，团队才是重心，虽然其他人出单，你受益不多，但团队靠的是以量取胜。比如，你出一单利润是

200元，一天能出5单，那么收入也只有1000元。但团队有100人，每个人出一单，尽管你只有20块钱的分成，每天的收入也可多达2000元，显然后者更划算。

当你对团队代理商长时间不管不顾时，他们会慢慢地失去信心，最终就会流失掉。所以你要做的是帮助他们解决问题、帮助他们成长！每当有人遇到问题时，可以把问题放到整个团队的群里让大家共同去讨论，去解决，一个人的思考能力总不及一个团队的思考能力！同时也让大家都能够及时吸取教训或者学习到知识。

（4）每天准时签到、准时报单

假如你是一个大公司的员工，一定是每天上班下班打卡，这能够保证团队每个人的积极性。

微商团队虽然没有实体企业那么严格，但也必须打卡，包括晚上报单，也是一样的道理。打卡、报单的好处是什么呢？即可以统计团队每个人的出勤情况；还有一个好处是可以明确整个团队每天的出单量，了解代理商的工作绩效。

（5）观察、关心

很多团队领导经常会隔几天就去翻看代理们的朋友圈，看看他们最近有什么新的动态！其目的就是要去观察他们这几天是否出现了什么问题，假如有问题，也能及时去关心他们、帮助他们。

观察是一种很特殊的沟通方式，作为团队领导者，要经常与下面的人沟通，翻看他们的出单记录、朋友圈中的蛛丝马迹，发现异常要及时给予关心。可以发个小红包鼓励，然后问问怎么了，是不是心情不好，或者发现某个细节做得不到位，直接帮助他们纠正，给予指导性意见。这样设身处地地为团队成员考虑，一定也会得到好的回馈，凝聚团队向心力。

9.2.3 代理商的加入与退出

很多人认为团队人数越多，意味着发展前景越好，其实不然，一个团队最健康的状态是人员有进有出，既要保持团队稳定性，核心成员不流失，又要保持团队活跃度，有新鲜血液注入。微商代理团队也是如此，需要保持畅通无阻的进入和退出通道，建立完善的加入和退出机制。

代理商的加入和退出机制的相关内容具体如下。

（1）公示加入条件

在开始招收代理之前应该在各级团队成员群、微信群中明确公示加入条件。最好还能发送到每个成员的邮箱，并打印制作成文件资料，提供给各级管理者。代理加入申请条件应简单明晰，并有具体的模板格式。

例如，凡在本公司一次性拿货××元或××箱（以实付金额为准）者，或一个月内累计拿货满××元者，可加入公司担任××级别代理。

（2）公示加入资料

与此同时，也要及时宣布代理加入资料，值得注意的是相关内容一经固定，最好不要经常性地、随意地更改，确保团队新加入成员能完全掌握、了解。

（3）发放授权凭证

当新代理满足条件，提交申请和资料后，团队应立即审核，并完成批准。批准后，将授权凭证发放给新代理，并将其分配到所属级别的团队中。授权凭证包括授予普通代理电子文档式授权书、高级别代理电子文档式授权书、实体授权证书。

（4）退出流程

人员流动性强是微商的优势和特点之一，但无论成员退出原因是什么，团队必须严格把控退出流程，避免因个别代理退出而造成不必要的损失。一般而言，代理退出流程如表9-3所示。

◈ 表9-3　代理退出流程

步骤	具体内容
第一步	退出代理向上级代理提交终止工作关系的申请材料
第二步	上级代理及时汇报，由团队管理人员根据现有业务开展情况对退出者审核，经审核后，确定审核意见
第三步	审核通过后，退出代理者需办理客户关系交接和服务交接工作，包括向上级代理所指定的专人移交真实、完整、有效的客户资料和服务记录，并进行相关工作交接

步骤	具体内容
第四步	在完成客户交接和服务交接之后，经团队领导审批，结清所有款项，正式终止代理关系

9.2.4 利益捆绑和分享

从事微商的根本目的就是盈利，无论团队采用什么经营模式、什么管理方法，最终都要归于一个衡量标准，那就是是否能帮助每个代理商赚钱，不能赚钱的团队势必会很快解散。换句话说，代理商只忠于能赚钱的团队，那么微商创业者如何帮助代理商实现利益的最大化呢？这就需要在团队内部实现利益捆绑和分享。

（1）利益捆绑

团队创始人与代理商之间是既矛盾又统一的，表面上有利益冲突，实际上却是利益共同体，只有实现捆绑才能达到双赢。利益捆绑包括短期利益绑定和长远利益绑定两种。

1）短期利益绑定

首先，要确保核心团队的稳定，管理者之间应能做到稳定、真诚沟通，避免下级代理的分裂。

其次，要做到利益分配口径一致，避免因短期利益分配不均衡导致合伙人层面产生矛盾。

再次，要将分配机制以合同、协议等具备法律效力的文件形式加以保障，让所有人相信一旦违背契约会被追究相应责任。

最后，对短期利益如提成、奖金的分配，应当公开、公平、公正，制订出的分配方案应提前在群内讨论，让下属充分表达之后，再决定贯彻。这样，短期利益的分配得到了全团队的认可，产生利益分离的可能性就会有效下降。

2）长远利益绑定

人情捆绑不足以凝聚团队，只有团队有了长远利益绑定机制，代理才愿意持久付出。在团队中，要打造出让下属产生信心的利益机制，让他们认为短期努力有利可图，长期努力则有更大利益。例如，引进企业内的股权绑定模板，只要下属的贡献和付出达到一定标准，就能持有团队内一定的股份。一旦下属成为团队内的核心人物，他们自然会对团队的发展更加关心。

团队中所有人的利益都是关联的，尽管团队的每个成员在性格、能力和处世方式上有所不同，在工作中贡献有大有小。但就公平公正这一点来看不能特殊化，创业者必须善于从事情的本身出发，充分了解每个成员各自的利益和心理诉求，并在此基础上进行平衡和化解。

对于特殊利益事件，则应该了解双方诉求，按照规章制度加以解决。问题解决后，还应该将事情作为案例，在团队中公开，主要是为了向所有人表明，没有任何人能够在团队中受到特别对待，所有人的利益都是关联的。

（2）利益分享

共享经济是移动互联网商业土壤中诞生的崭新现象。在微商团队中，利益共享模式业已成型，并推动众多微商不断成长。因此，创业者应积极将所有成员纳入利益共享的圈子中。具体做法如图9-5所示。

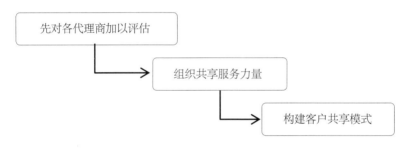

▲ **图9-5 将代理商纳入共享圈子的步骤**

1）先对各代理商加以评估

每当有新成员加入团队时，都应由其上级代理进行综合评估，并将评估结果上报团队最高领导层。评估要求全面展现新成员的能力特点、社交资源和未来发展的可能方向。更重要的是让领导者和成员都清楚其能够提供的帮助。例如，某新成员有体育健身特长，是本地某骑行协会的负责人。当他进入团队后，领导者必须重点评估该方面的优势并告知其本人、上级代理。这样，该成员就有了具体的利益分享目标，既有利于他下一步开展营销工作，也有利于完善整个团队对他的认识。

2）组织共享服务力量

不少微商团队在起步发展之初，并没有完善的服务力量，如缺少高能力的文案、摄影、美工和策划人员等。面对这种情况，领导者必须鼓励和激发有相关特长的成员，形成"服务小组"并用于整个团队的共享。整支小组可以由数名成员组成。他们在积极完成个人代理业务的同时，还可以为不同的代理提供文字、图片等服务支援，尤其是涉及修图、策划等专业工作时，更能充分发挥其技术能力。

领导者则需要负责统筹协调，帮助小组梳理服务计划，并计算他们的工作量，体现到最终的利润分配上。这样做的优势在于节约了相应的人力成本，并能够确保每名代理都得到对等的内部支持。

3）构建客户共享模式

不少代理在加入某微商团队之前，已经或多或少有了微商经验。对于这些代理，领导者应该鼓励他们拿出自己的老客户，在团队内部进行共享，将资源利用效能提升到新的台阶。

例如，某代理手头原有客户大多为老年人，但现有产品面向年轻人；而目前团队内另一位代理正在推广老年保健产品，其原有客户大多为年轻人。这样，两位代理就可以通过领导者牵线搭桥，相互交换资源，实现利益共享。

除了上述途径外，场地共享、办公硬件共享、时间共享等都是内部共享的内容。领导者需要具有全局眼光，将不同代理都看作整个家庭中的一员，做到用最小的成本换取最大的利益。